서울 버스에 관한 7개의 미신과 7개의 사실

7 Myths & 7 Facts about SEOUL BUS

KSS insight 001 • 서울 버스에 관한 7개의 미신과 7개의 사실

초판 1쇄 발행일 · 2024년 10월 10일
개정판 1쇄 발행일 · 2025년 7월 1일

ISBN : 979-11-989502-7-7(93350)

저자 | 임삼진
편집 | 서경주, 이한나, 윤성인, 김경희, 김영일
출판 | ㈜케이에스앤에스 https://kosns.com/
　　　 전화 02-739-6778
　　　 등록 : 2024년 9월 5일 제2024-000106호

정가 : 25,000원

본 저작물은 저작권법으로 보호를 받는 콘텐츠입니다.
무단전재와 복제는 허용되지 않습니다.

ⓒ 임삼진, 2025

서울 버스에 관한 7개의 미신과 7개의 사실
7 Myths & 7 Facts about SEOUL BUS

임삼진 지음

차례

프롤로그 – 미신은 사실을 이길 수 없다 _ 07

서울 버스에 관한 미신과 사실 _ 25
서울 버스는 세계적 수준이다? 27
버스 개혁 이후 버스 서비스가 유지·개선되어 왔다? 41
서울 버스 요금은 다른 글로벌 도시들에 비해 낮다? 59
서울 버스 요금인상 횟수는 글로벌 도시들에
비해 많았다? 69
서울 버스 재정지원금은 글로벌 도시들에 비해 많다? 77
재정지원금 폭증은 사업자들의 도덕적 해이 탓이다? 125
재정지원금이 늘어나면서 사업자들의 이익도 커졌다? 147
교통전문가 상당수가 재정지원금의 투명성이
미흡하다고 느끼고 있다? 155

준공영제 시행으로 시내버스 교통사고가
많이 줄었다? 163
버스 준공영제로 교통복지의 실현이 가능해졌다? 171
서울 버스 수송 분담률이 승용차보다 낮아진 것은
코로나 팬데믹 때다? 187
서울 버스 서비스 만족도는 지하철 만족도보다 낮다? 193
버스 거버넌스, 전보다 오히려 후퇴했다? 201
자가용 승용차 보유자도 버스 우대정책을 지지한다? 223

서울 버스에 관한 14개의 사실 _ 229

에필로그 - 다시 버스에 주목할 때 _ 233

참고문헌 _ 263

프롤로그

미신은 사실을
이길 수 없다

미신은 사실을 이길 수 없다

2024년 7월 1일. 서울 버스 개혁 20주년을 맞았다. 2004년 버스 개혁이 이루어지기 이전까지의 서울 버스는 참 민망한 수준이었다. 당시 서울 버스를 상징하던 표현들을 떠올려본다.

"시민의 발 중병"

"시내버스, 달리는 무법자"

"대책 없는 시내버스"

당시 시내버스와 관련된 언론 보도들은 긍정적인 것은 도무지 찾을 수 없고, 부정적인 것들은 너무 많아서 어떤 것부터 보아야 할지 모를 정도였다. 이런 난맥상은 지금 듣기에는 "그땐 그랬지"라며 떠올리는 과거지만, 당시에는 힘겨웠던 서울시민들의 애환이 담긴 아픔의 기록이었다.

2004년 서울 버스 개혁의 청사진 대부분이 담겨 있는

1997년 7월의 〈시내버스 개혁 종합대책 분야별 시책·사업 계획안〉[1]에는 개혁 이전 서울버스의 상황을 짐작할 수 있게 하는 통계들이 담겨 있다.

• 89개 업체의 총자산은 3,535억 원, 총부채는 4,007억 원으로 총부채가 총자산을 472억 원 초과

• 업체당 평균자산 40.1억 원, 평균부채 45.5억 원으로 평균 5.4억 원 자본 잠식 상태

• 업체당 영업수익 79.4억 원, 운송원가 75.3억 원, 경상이익 마이너스(-) 7.2억 원, 단기순이익 마이너스(-) 7.6억 원.

• 임금 미지급업체 수 16개사 체불액 28.3억 원, 상여금 미지급업체 42개사 체불액 73.7억 원, 퇴직금 미지급업체 72개사 체불액 89.8억 원

• 운전기사의 평균 재직기간 : 2년 8개월

• 1996년 12월 운행 실태 일제 점검 결과 89개 업체 448개 노선 중 68개 업체(76.4%), 209개 노선(46.7%)이 불법·무질서 운행

---

[1] 1997년 7월 조순 시장 시기에 만들어진 〈시내버스 개혁 종합대책 분야별 시책·사업 계획안〉은 675페이지에 달하는 방대한 분량의 종합대책으로 2004년 서울 버스 개혁의 기본 내용을 거의 다 준비했던 알찬 계획안이다.

• 노선 임의 폐지 15개 업체 15개 노선 154대, 노선 위반(변경) 5개 업체 5개 노선, 임의 결행 39개 업체 79개 노선 325대, 임의 증차운행 15개 업체 17개 노선 85대

• 도시형 버스의 냉방화율 30%(총 5,938대 중 1,778대)

• 시내버스에 대한 만족 정도(97. 3. 서울시 여론조사팀 조사) 시민 57%가 불만족. 매우 만족 0.6%, 어느 정도 만족 33.0, 별로 만족하지 않음 47.6%, 전혀 만족하지 않음 9.4%

〈그림 1〉 버스 개혁 이전 서울 시내버스 관련 TV 보도

당시 시내버스 업계의 경영 상태부터 임금, 근로조건, 서비스에 이르기까지 서울버스는 한 마디로 총체적 난국이라고 표현해도 지나치지 않을 정도의 난맥상이었다.

〈그림 2〉 버스 관련 중앙일보 보도(1997. 10. 2)

버스 개혁을 앞둔 2003년 당시 내가 거주하던 강서구 한 지역에서는 시내버스 노선 절반 가까이가 예고도 없이 사라져 버렸다. 지하철도 제대로 갖춰져 있지 않던 이 지역에서 갑자기 버스가 없어졌으니, 시민들이 겪는 불편은 이루 말할 수 없었다. '달리는 무법자'는 엄청난 교통법규 위반만 의미하는 게 아니었다. '시민의 발'이 이처럼 엉망이었다.

2004년 시내버스 개혁은 지금으로서는 상상도 할 수 없는 수준의 난맥상으로부터의 일대 혁신이었다. 나는 서울 버스 개혁이 가진 놀라운 의미를 이렇게 강조하곤 한다.

"세계적으로 보면 브라질 쿠리치바(Curitiba)처럼 중소 규모의 도시에서 대대적인 개혁에 성공한 사례들이 있다. 그리고 거대도시의 일부 지역이나 특정 구간에서 교통 시스템을 개혁한 사례도 꽤 있다. 하지만 서울과 같은 거대도시에서 대대적인 버스 개혁을 성공시킨 사례는 서울이 유일하다. 이런 대개혁을 시도한 사례조차 찾아보기 어렵다."

이렇게 서울 버스 개혁을 높이 평가하는 것이 나만은 아닌 것 같다. 서울 대중교통 개혁은 세계적으로 높은 평가를 받아 UITP(The International Association of Public Transport, 세계대중교통협회)가 주는 최우수혁신정책상(Top Award for Innovative Policies, 2006)을 비롯해서, ITDP(Institute for Transportation and

Development Policy)와 TRB, ED가 공동으로 수여하는 지속가능한 교통상(Sustainable Transportation, 2005), East Asia Traffic Society(동아시아교통학회)의 최고의 프로젝트 상(Excellent Project Award, 2007), UITP의 주목할 만한 정책상(2017) 등 국제 대중교통 기구들로부터 많은 상을 받아왔다.[2]

다시 버스 개혁 당시로 돌아가 보자. 2004년 7월 1일 서울 버스 대개혁은 요란하게 이루어졌다. 하지만 첫날부터 순탄한 성공을 거둔 것은 아니었다. 그도 그럴 것이 서울 시내 전역에 걸쳐서 모든 시내버스와 노선을 대대적으로 바꾸는 어마어마한 변화였으니 일정 기간 혼선이 일어나는 것은 당연한 일이었다.

노선의 큰 변화 과정에서 발생할 수밖에 없는 일들, 예를 들면 내 집 앞에서 목적지까지 한 번에 갈 수 있던 일부 시민들의 불편함이라든지, 갑자기 바뀐 노선을 묻고 타야 하는 상황에서 발생한 승차 혼잡, 일부 중앙

---

[2] Seoul Metropolitan Government, International Awards
https://english.seoul.go.kr/policy/international-exchange/international-awards/

버스전용차로에서의 정체 등등 여러 문제가 표출됐다. 속성상 장점은 거의 다루지 않는 언론은 엄청난 공격을 퍼부었다. 마치 해서는 안 될 일을 하기라도 한 것처럼.

이명박 시장, '대중교통 개편 불편' 사과
중앙전용차로 운행방법 개선, 정기권 발행 등 보완책 발표

김홍수 기자 작성 2004.07.04 19:49 조회 105

〈그림 3〉 이명박 시장의 사과 소식을 다룬 SBS 뉴스

개혁을 주도적으로 추진했던 이명박 시장은 이런 상황에서 공격의 표적이 되었고, 진보적 시민단체들이 국민감사 청구를 하는 등 반이명박 전선이 형성되는 양상이

었다. 시장 취임 2주년에 맞추려고 무리한 일정으로 추진했다는 등의 이유로 일각에서는 퇴진 운동까지 펼쳤다. 결국 이 시장은 시민 불편에 대해 사과해야 했다. 지금 생각하면 참으로 어처구니없는 일이지만.

이명박 시장이 고개를 숙여야 했던 버스 개혁 과정은 나를 '진실의 순간'에 서게 했다. 7월 한 달 동안 내가 방송에 출연했던 게 족히 100번은 넘었던 것으로 기억한다. 하루에 3번 TV 토론과 뉴스 출연을 한 적도 있다. 여기저기서 마련하는 찬반 토론의 장에서 이명박 시장과 버스 개혁을 지지하는 전문가가 거의 없다 보니, 나 혼자 버스 개혁 찬성 측 토론을 도맡아 담당하는 형국이 되어버렸다. 반면에 버스 개혁 반대(혹은 비판) 측 토론에는 교통 분야에서부터 환경, 도시계획, 시민단체, 감사원에 이르기까지 각계의 여러 전문가가 다수 등장했다. 이명박 시장만이 위기에 처한 것이 아니라, 나도 교통전문가로서의 생명줄이 위태로워진 것이다.

이때 나는 소중한 명언 하나를 만들었다.

"이명박 죽으면 나도 죽어야죠."

나를 아끼던 분들이 동분서주하는 내 모습이 안타까웠

던지 도움말을 주었다. "이명박 시장이나 서울시를 너무 옹호하지 말고, 비판적 지지 정도만 해. 이 시장이 궁지에 몰리고 무너졌는데, 왜 자네까지 거기 휩쓸려 같이 죽으려고 해? 지혜롭게 사는 게 좋을 거 같은데…"

귀한 조언이고 나를 생각해서 해주는 말인 줄 알았지만 나는 단호하게 답변했다.

"아닙니다. 서울 시내버스가 얼마나 엉망이었습니까? 그리고 이 버스 개혁이 어떻게 이루어진 개혁입니까? 이 개혁안 대부분이 8년 전인 조순 시장 시기에 만들어졌고 내가 깊이 관여했지만, 실행에 옮기지 못해 창고에 쌓여있던 것을 이명박 시장이 가져다가 놀라운 추진력으로, 서울시 공무원들의 헌신과 희생을 쏟아서 이루어진 개혁이잖아요. 전에 내가 만든 버스 개혁안을 이명박 시장이 실행에 옮겼으니 넘 고맙죠. 이명박 죽으면 나도 죽어야죠. 그리고 만일 이 버스 개혁이 실패하면 나도 책임을 질 겁니다. 실패하면 나는 교통을 떠날 것이고, 더는 교통전문가로 살아가지 않을 겁니다."

'진실의 순간'에 나는 내가 망가지고 손해보는 선택을 한 것이다. 내가 이렇게 확신에 찬 선택을 할 수 있었던 것은 왜일까? 무엇이 나를 그렇게 만든 걸까?

1997년 7월 개혁안 입안에 내가 참여한 데 대한 책임감이나 부채 의식? 이명박 시장의 경이로운 추진력에 대한 감동? 버스 개혁을 주도했던 김경철 박사나 황기연 박사에 대한 신뢰와 존경? 너무나 절박했던 버스 개혁의 필요성?

그런 요소들이 전혀 없었다고 할 수는 없겠지만 주된 이유는 아니었다. 내가 서울 버스 개혁 지지에 나를 던질 수 있었던 것은 바로 사실(facts)에 대한 믿음이었다.

〈그림 4〉 버스 개혁 당시의 '소신'에 대해서 쓴 칼럼3)

---

3) 임삼진, 교통전문가의 정책 결정과 소신, 한국교통연구원, 월간 교통, 2009년 12월 호.

정책 결정과 추진은 모름지기 사실에 기반을 두어야 한다. 풍문과 미신(myth), 맹신은 정치적 공격에는 도움이 될 수도 있으나 정책적 판단이나 결정에는 엄청난 해악으로 작용할 수 있다. 미신이야말로 바람직한 도시 발전을 향한 정책 결정을 망가뜨리는 주범이다.

당시 찬반 토론에서 내 맞은편에 섰던 전문가들 대부분은 사실과 버스 개혁의 역사적 맥락은 알지 못하고, 그저 언론 보도 몇 줄과 정치적 주장들만 믿고 내 앞에 나왔다. 15년 이상을 시민의 교통권 증진과 버스 서비스 향상, 버스 행정 시스템 개선을 위해 여러 노력을 해온 나로서는 그들이 안타깝기 짝이 없었다. 따라서 그들과 당당히 맞섰고, 설득하려 애썼다. 때로는 강하게 비판하기도 했다.

2004년 서울 대중교통 개혁 성공에 대한 나의 확신은 다음 몇 가지 중요한 사실들을 바탕으로 한 것이었다.

- 서울의 시내버스는 중병 상태다. 중병에는 대수술이 필요하다. 서울 버스 개혁 방안에는 대수술에 필요한 거의 모든 것이 담겨 있다.
- 일시적인 혼란으로 개혁의 성공 여부를 평가해서는 안 된다. 대수술을 받은 환자더러 다음날부터 뛰라고 하

면 그게 정상인가? 대수술 이후 달라진 서울 교통의 미래를 보는 게 지혜다.

• 대중교통 불편 지역에 사는 다수 서민의 출퇴근 방식은 '버스(혹은 마을버스)-지하철-버스(혹은 마을버스)'이다. 이들의 교통 요금은 버스 개혁 이전 2,700원에서 개혁 이후 1,000원 수준으로 크게 준다. 버스 개혁은 놀랄만한 교통복지의 실현이다.

• 버스-지하철 무료 환승 체계 확립은 그동안 시민사회가 요구해 온 교통 개혁의 핵심이다. 여기에 더하여 시내버스-시내버스 무료 환승 시스템의 확립으로 다수 시민이 교통 편익의 증진을 체감하게 될 것이다. 노선의 변경으로 인해 일부 시민들이 겪게 되는 약간의 불편도 이 놀라운 마력에 의해 상쇄될 것이다. 이것은 이론만 아는 사람에게는 와닿지 않겠지만 대중교통 이용 시민은 누구나 곧바로 누리게 될 개혁의 과실이다.

• 대규모의 개혁에는 오랜 적응 기간이 필요하다. 하지만 서울시민은 문맹률이 매우 낮고 적응력이 뛰어나기 때문에, 한 달 정도면 충분할 것이다.

구체적 사실들에 기초해서 이루어진 내 예측은 대부분 맞아떨어졌다. 다만 '한 달'이 필요할 거라는 예측은 빗

나갔다. 15일도 채 걸리지 않아서 대반전이 이루어졌다. 버스 개혁 초기 이명박 시장에 쏟아졌던 비판은 지지로 바뀌었다. 시민들의 만족도는 불만을 압도해 가기 시작했다. 결국 이명박 시장도 살고, 나도 살았다. 이명박 시장은 대중교통 개혁과 청계천의 성공으로 대통령이 되었고, 나는 교통전문가나 도시계획가로서의 품격을 유지할 수 있었다.

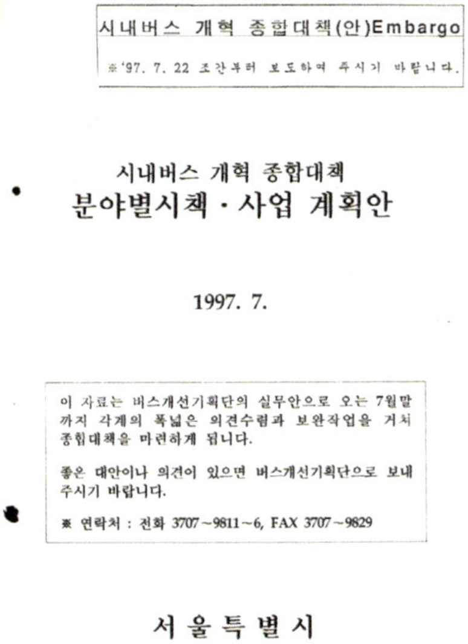
시내버스 개혁 종합대책(안)Embargo

※'97. 7. 22 조간부터 보도하여 주시기 바랍니다.

시내버스 개혁 종합대책

분야별시책 · 사업 계획안

1997. 7.

이 자료는 버스개선기획단의 실무안으로 오는 7월말까지 각계의 폭넓은 의견수렴과 보완작업을 거쳐 종합대책을 마련하게 됩니다.

좋은 대안이나 의견이 있으면 버스개선기획단으로 보내주시기 바랍니다.

※ 연락처 : 전화 3707~9811~6, FAX 3707~9829

서 울 특 별 시

〈그림 5〉 2004년 버스 개혁 방안을 대부분 담고 있는 시내버스 개혁 종합대책(1997.7.) 표지

2024년 서울 버스 개혁 20주년을 맞았다. 버스 준공영제의 문제점을 비롯하여 버스를 둘러싼 여러 논의가 이루어지고 있다. 서울 버스 개혁 version 2.0을 실행해야 한다는 말까지 나온다. 전면적 개혁이 필요하다는 것이다. 20년이 지난 지금 전반적인 평가를 토대로 개선안을 마련해야 한다는 의견에 전적으로 공감한다.

이런 상황에서 내가 2004년 버스 개혁에 관한 옛이야기를 장황하게 늘어놓은 것은 향후 논의나 정책 결정의 과정에서 사실의 중요성을 강조하기 위함이다. 사실(fact)은 힘이 세다. 언뜻 강해 보이는 신화나 미신(myth), 맹신은 언론이나 입소문을 탈 때는 센 것처럼 보이지만 시간이 흐르면서 그 허약함을 드러내기 마련이다. 미신은 사실을 이길 수 없다. 서울의 교통정책 결정자들과 행정가들, 연구자들은 정책 판단을 내리는 데 있어서 철저하게 사실에 기반을 두길 바란다. 힘센 누군가의 지시나 여론이라는 미명으로 만들어진 미신에 굴복하여 정책을 결정하고 집행한다면, 그 굴종은 서울이라는 거대도시의 대중교통 시스템과 시민의 삶을 망가뜨릴 수도 있기 때문이다. 그런 어리석음에 빠지지 않도록, 아니 더 나은 버스 시스템을 구축하는 데 도움이 될 수 있도록 이 책은 서울 버스에 관한 7개의 미신과 7개의 사실을 다룬다.

  이 책에 사실이 아닌 것을 사실이라고 잘못 쓴 내용이 있거나 오류가 있다면 언제든지 바로 잡아 주시길 부탁드린다. 우리 사회의 많은 부분이 그렇듯이 우리의 교통이나 버스 시스템 개혁도 집단지성의 수준에 의해서 결정될 것이다. 나의 '사실' 찾기 노력이 시대정신에 맞는 집단지성을 만드는 데 조금이나마 도움이 되길 소망한다.

서울 버스에 관한 미신과 사실

서울 버스에 관한 미신과 사실 1
서울 버스는 세계적 수준이다?

Fact!!!

서울시민들이 이용하는 중요한 교통수단인 시내버스. 시민의 발이라고도 불리는 서울 시내버스에 대한 세계적 평가는 어떨까? 사실 2004년 버스 개혁 이전까지의 서울 시내버스는 외국에서 거론조차 되지 않던, 관심 밖의 대상이었다. 하지만 지금은 전혀 다르다. 앞에서 잠시 언급한 해외에서 받은 상 이야기를 다시 하겠다는 게 아니다.

먼저 세계적으로 서울 시내버스가 어떻게 평가되고 있는지를 알아보기 위해 요즘 시대의 대세인 ChatGPT를 활용해 보았다. ChatGPT는 오픈 에이아이(Open AI)가 개발한 대화형 인공지능 서비스로 다양한 분야에서 방대한 웹 데이터를 기반으로 상세한 답변을 제공한다. ChatGPT 4.0 유료 버전을 사용하여 서울 시내버스에 관한 3개의 질문을 영어로 던져보았다.

Q1: 세계적으로 선진적이고 효율적인 버스 시스템으로 유명한 도시는 어디이며, 이들 시스템을 돋보이게 하는 구체적인 특징은 무엇인가? (Which cities around the world are known for their advanced and efficient bus systems, and what specific features make these systems stand out?)

Several cities around the world are renowned for their advanced and efficient bus systems. Here are some notable examples and the specific features that make these systems stand out:

1. **Seoul, South Korea**
- **Integration with Subway**: Seoul's bus system is well-integrated with its extensive subway system, providing seamless connectivity.
- **Color-coded Routes**: The bus routes are color-coded for easy navigation.
- **Real-time GPS Tracking**: Buses are equipped with GPS for real-time tracking, allowing passengers to check arrival times via mobile apps.
- **Unified Smartcard Payment System**: The T-money card allows for seamless payment across buses, subways, and other modes of transport.
- **Innovations**: Smart bus shelters and plans for autonomous buses enhance the system's efficiency and user experience.

2. **Singapore**
- **Efficiency and Punctuality**: Singapore's bus system is known for its high levels of efficiency, punctuality, and cleanliness.
- **Bus Service Enhancement Programme (BSEP)**: This initiative has added more buses and improved service frequency.

3. **Tokyo, Japan**
- **Complement to Rail Network**: Tokyo's buses complement its extensive rail network, providing last-mile connectivity.
- **Punctuality and Cleanliness**: Known for their reliability and cleanliness.
- **Advanced Fare Collection Systems**: Uses contactless IC cards like Suica and Pasmo for easy fare payment.

4. **Berlin, Germany**
- **Integration with Other Modes**: Berlin's bus system integrates seamlessly with trams and the U-Bahn (subway).
- **Sustainability**: A significant number of buses are hybrid or electric, contributing to environmental sustainability.

5. **London, United Kingdom**
- **Comprehensive Integration**: London's bus system is well-integrated with the Tube and other public transport modes.
- **Contactless Payment Systems**: The Oyster card and contactless bank cards make fare payment easy and efficient.
- **Night Bus Network**: Extensive night bus services ensure 24-hour connectivity across the city.

〈그림 6〉 선진적이고 효율적인 버스 시스템 갖춘 도시?
ChatGPT 답변

이 질문에 대한 ChatGPT의 답변은 〈그림 6〉과 같다. ChatGPT는 '세계적으로 몇몇 도시들이 두드러진 기술과 인프라, 서비스 품질 향상을 위한 다양한 투자를 통해 선진적이고 효율적인 버스 시스템을 운영하는 것으로 유명하다.'라고 밝히면서 여러 도시를 소개하는데 그 첫 번째가 서울이다. 싱가포르, 도쿄, 런던, 베를린이 뒤를 잇는다.

서울에 관한 내용을 우리말로 옮기면 다음과 같다.

'서울 버스는 광범위한 지하철 시스템과 잘 통합되어 있어 원활한 환승이 가능하다. 버스 노선을 색깔로 구분해 이용자가 쉽게 인지할 수 있도록 하고 있으며, 실시간 추적이 가능하다. 승객들은 모바일 앱을 통해 버스 도착시간을 확인할 수 있다. 또한, 승객들은 T-money 카드를 통해 버스, 지하철 및 기타 교통수단 간 편리한 결제가 가능하다. 스마트 버스 정류장과 자율주행 버스 운행으로 효율성과 이용자의 편의성을 높일 계획이다.'

Q2: 세계적으로 버스 개혁을 실행하는 데 있어 모범사례로 평가받는 대도시는 어디인가? (Which mega cities in the world are considered best practices in executing bus reform?)

Here are some mega-cities around the world known for their exemplary bus reform practices:

1. **Bogotá, Colombia**
- **TransMilenio System**: Bogotá's TransMilenio is one of the most well-known Bus Rapid Transit (BRT) systems in the world. It features dedicated bus lanes, high-capacity buses, and efficient ticketing systems, significantly reducing travel times and improving urban mobility.

2. **Curitiba, Brazil**
- **Pioneering BRT**: Curitiba is often cited as the birthplace of the BRT concept. The city's bus system includes dedicated lanes, express routes, and efficient boarding processes. It's integrated with the city's urban planning to ensure accessibility and reduce congestion.

3. **London, United Kingdom**
- **Comprehensive Integration**: London's bus system is well-integrated with other forms of public transport like the Tube and trains. The use of contactless payment systems (Oyster and contactless bank cards), real-time tracking, and the extensive night bus network make it a model for other cities.

4. **Seoul, South Korea**
- **Technologically Advanced**: Seoul's bus system is known for its technological integration. It includes real-time bus tracking, smart card payment systems, and dedicated bus lanes. The city's public transport system is highly integrated, providing seamless connectivity between buses, subways, and other modes.

5. **Singapore**
- **Efficiency and Cleanliness**: Singapore's bus system is known for its efficiency, cleanliness, and reliability. The system includes GPS tracking, cashless payments, and air-conditioned buses. The Land Transport Authority continually works on enhancing the integration of buses with other public transport modes.

6. **Hong Kong**
- **Well-Managed System**: Hong Kong's bus system is managed by several private companies under government regulation, ensuring high standards of service. The Octopus card system allows for seamless fare payment across buses and other public transport.

〈그림 7〉 세계적으로 평가받는 대도시 버스 개혁 모범사례?
ChatGPT 답변

이 질문에 대한 ChatGPT의 답변은 〈그림 7〉과 같다. 대도시 버스 개혁 모범사례를 알려달라는 질문에 대한 답변에서 서울은 콜롬비아의 보고타, 브라질의 쿠리치바, 영국의 런던에 이어 네 번째로 등장한다. 싱가포르와 홍콩이 그 뒤를 잇는다.

서울에 관한 설명을 우리말로 옮기면 다음과 같다.

'선진적인 기술. 서울의 버스 시스템은 기술적 통합으로 유명하다. 실시간 버스 추적, 스마트카드 결제 시스템 및 전용 버스 차선을 잘 갖추었다. 서울의 대중교통 시스템은 고도로 통합되어 있어, 버스, 지하철 및 기타 교통수단 간의 원활한 연결을 제공한다."

Q3: 서울의 교통 시스템을 벤치마킹한 나라들은 어디인가? (Which countries have benchmarked Seoul transport systems?)

Several countries have benchmarked Korea's transportation systems, including:

1. **Cities of United States**:
Seoul's 2004 bus reform has provided valuable lessons to numerous cities in the United States. During the reform, Seoul restructured its complex and overlapping routes to establish a high-frequency network focused on major arterial roads, complemented by local feeder routes. The city also introduced real-time bus information systems and integrated fare systems, significantly enhancing passenger convenience and overall service quality.

2. **Baku, Azerbaijan**:
Seoul's bus information systems and electronic display boards have been implemented in Baku, providing real-time arrival and departure information to citizens. This technological adoption has contributed to improving the efficiency of Baku's public transportation system.

3. **China**:
Beijing and Shanghai have studied Seoul's integration of bus and subway systems, as well as its use of smart technology to enhance public transportation efficiency and passenger convenience. This includes implementing smart cards similar to Seoul's T-money card, which allows for seamless travel across different modes of transport.

4. **Singapore**:
Singapore has looked into Seoul's methods for managing urban transport, including the use of dedicated bus lanes and congestion. The Singaporean Public Transport Council has exchanged knowledge on urban public transport policies and operations with Seoul.

5. **Indonesia**:
Jakarta has initiated bus reforms inspired by Seoul's success. The Jakarta government has adopted several of Seoul's strategies, such as the quasi-public bus management system and electronic road pricing systems to manage traffic flow and reduce the integration of bus routes to improve service reliability and efficiency.

6. **Vietnam**:
Hanoi has shown interest in Seoul's transport strategies, particularly in terms of utilizing smart technologies to streamline operations and enhance passenger experience. This includes studying Seoul's real-time information systems and integrated fare management systems.

7. **Other Cities**:
Seoul's smart bus shelters and plans for autonomous buses have also garnered significant interest from other cities. The smart shelters in Seoul are powered by solar panels and feature advanced amenities such as temperature control, wireless charging, free Wi-Fi, and air purification systems.

〈그림 8〉 서울의 교통 시스템을 벤치마킹한 나라? ChatGPT 답변

이 질문에 대한 ChatGPT의 답변은 〈그림 8〉과 같다. 버스 개혁과 통합요금제, 실시간 정보 시스템, 준공영제 등은 여러 도시가 참고하고 있는 모범사례로 확인된다.

국가별로 정리된 서울을 벤치마킹한 사례들을 요약 소

개하면 다음과 같다.

- 미국의 도시들: 2004년 서울 버스 개혁은 미국의 많은 도시에 귀중한 교훈을 제공함. 중복된 노선을 재구성하여 주요 간선 노선을 중심으로 한 네트워크를 구축하고, 이를 지원하는 지선 노선 체계를 구축함. 실시간 버스 정보 시스템과 통합요금제 도입으로 승객 편의성과 전반적인 서비스 질을 높임.
- 아제르바이잔: 서울의 버스 정보 시스템과 전광 안내판이 바쿠에 구현되어 시민들에게 실시간 도착과 출발 정보를 제공함. 이런 기술 채택으로 바쿠의 대중교통 시스템의 효율성을 높임.
- 중국: 베이징과 상하이는 서울의 버스와 지하철 시스템 통합, 그리고 스마트 기술을 활용한 대중교통 효율성 및 승객 편의성 향상 사례를 연구해 왔음. 서울의 T-money 카드와 유사한 스마트카드를 구현하여 여러 교통수단 간의 통합적 이용을 도모하고자 함.
- 싱가포르: 싱가포르는 버스전용차로 등 도시교통 관리기법을 조사해 왔음. 싱가포르 대중교통위원회는 서울과 대중교통 정책 및 운영에 관한 지식과 노하우를 교환해 왔음.

• 인도네시아: 자카르타는 서울의 성공적인 버스 개혁에서 영감을 받아 버스 개혁을 시작했음. 자카르타 정부는 서울의 준공영제, 전자 요금 징수 시스템 등 여러 정책을 채택하여 서비스 신뢰성과 효율성을 높임.

• 베트남: 하노이는 운영 효율화 및 승객 만족도 향상을 위한 스마트 기술 활용방안에 관련된 서울의 교통 전략에 관심을 보였음. 여기에는 서울의 실시간 정보 시스템 및 통합요금 관리 시스템이 포함됨.

서울의 버스 시스템이나 버스 개혁, 교통 개혁이 ChatGPT에서만 인정받는 것일까? 학계에서는 어떻게 다루어지고 있을까?

2004년 서울 버스 개혁 이전까지는 서울의 교통이나 버스는 외국 연구자들의 관심거리가 아니었다. 가끔 서울이라는 도시가 외국책이나 논문에 등장한 것은 급격한 자동차 대중화, 심각한 교통체증이나 대기오염 문제를 다루면서 여러 도시를 거론할 때 그 이름이 들어가는 정도였다. 한마디로 조롱거리나 비아냥 사례로 활용된 것이다.

하지만 서울의 교통에 대한 세계적인 관심과 연구는

2004년 서울 버스 개혁 이전과 이후로 시대구분을 해도 좋을 정도로 완전히 달라졌다.

No	Catergory	Publisher	Title	Author(s)	Published Date
1	Working Paper	ESCAP	Intelligent Transportation Systems for Sustainable Development in Asia and the Pacific	• Shamika Sirimanne (Director of the ICT and Disaster Risk Reduction Division)	2022
2	Book		Megaprojects for Megacities: A Comparative Casebook: Bus rapid transit-the affordable transit megaproject alternative (Book Chapter)	• Landis, J.D. (Weitzman School of Design, University of Pennsylvania) • Vergel-Tovar, E (Department of Architecture, Universidad de los Andes in Bogotá, Colombia	2022
3	Case Study	WORLD BANK GROUP	Public and Active Transport Planning for Resilience and Health: The Case of Seoul, South Korea	• Kate DeMoss • Joanna Moody	2021
4	Case Study	McKinsey & Company	Building a transport system that works: Five insights from our 25-city report	• Dmitry Chechulin, Detlev Mohr, Vadim Pokotilo, Lola Woetze (McKinsey Report)	2021
5	Case Study	WORLD BANK GROUP	The Smart Transportation Card (T-Money): Integrating Public Transit Systems to Improve Citizen Mobility in Seoul, 1996–2004	• World Bank Group	2021
6	Journal		Road-based Public Transportation Reform: Comparative Study between Seoul & Jakarta	• Fajar Nugrahaini • Muhammad Ery Wijaya • Fajar B. Hirawan	2019
7	Case Study	HARVARD UNIVERSITY	Seoul: Transportation Reform as an Enabler of Urban Regeneration	• Onesimo Flores Dewey (Harvard University)	2016
8	Case Study	UN-HABITAT	Bus reform in Seoul, Republic of Korea	• Helen Allen (International Association of Public Transport (UITP))	2013
9	Research		Performance Assessment of Bus Transport Reform in Seoul, Transportation (2011)	• Kwang Sik Kim • Seung-hoon Cheon • Sam-jin Lim	2011
10	Journal	Transport Policy	Bus rapid transit impacts on land uses and land values in Seoul, Korea	• Robert Cervero (Department of City and Regional Planning, University of California, Berkeley) • Chang Deok Kang (University of Seoul)	2011
11	Journal	HABITAT	Role of urban governance in the process of bus system reform in Seoul	• John Dickey (Virginia Tech) • Kwang Sik Kim (Department of Public Administration, Sungkyunkwan University)	2006
12	Journal	JSCE	Learning from London and Seoul Experiences in Public Transport Reform	• Emri Juli Harnis • Shosi Mizokami	2005
13	Journal		Public Transport Reforms in Seoul: Innovations Motivated by Funding Crisis	• John Pucher (Planning & Public Policy at Rutgers University) • Hyungyong Park, Mook Han Kim (Rutgers University) • Jumin Song (University of Michigan)	2005

〈그림 9〉 서울 버스 관련 해외에서 발간된 학술자료

서울 버스와 교통 시스템은 세계 그 어느 나라보다도 많이 연구되는 주제로 바뀌었다. 그 내용도 대부분 긍정적인 평가로 채워져 있고, 얻어야 할 교훈들을 담고 있다. 그 형태도 책부터 논문, 사례연구 등 다양하다. 나도 세계적으로 권위 있는 학술지에 기고하기도 했고, 해외 연구자들의 요청으로 인터뷰를 한 적도 있다.

〈그림 9〉는 2004년 서울 버스 개혁 이후 서울 버스를 다룬 세계적인 학술지나 연구기관, 하버드대학교를 비롯한 대학 등에서 발간된 자료 목록이다. 여기에 소개한 것은 대표적인 것만 고른 것이고 이외에도 서울 버스와 관련된 많은 논문과 책들이 발간되었다. 전에는 이런 일이 일어날 거라고 상상조차 하지 못했다.

최근 발간된 자료들의 내용을 일부만 살펴보자.

유엔 기구인 아시아태평양경제사회위원회(ESCAP, Economic and Social Commission for Asia and the Pacific)에서 발표한 〈Intelligent Transportation Systems for Sustainable Development in Asia and the Pacific〉이라는 논문에서는 서울 버스를 기술적으로 선진화된 대중교통 모델로 설명하고 있다. 교통운영정보서비스(TOPIS)는 서울의 도시교통관리를 위한 중앙제어

시스템이며, TOPIS는 버스관리시스템, 전자요금결제시스템(T-Money), 고속도로교통관리시스템 등 다양한 시스템들과 통합 운영되고 있다고 소개한다. GPS와 RF 통신을 사용하여 7,400대 이상의 버스로부터 데이터를 실시간으로 수집하여 운영 제어 및 서비스 관리를 지원한다고 밝히고 있다.

세계은행(World Bank Group)에서 발표한 〈Public and Active Transport Planning for Resilience and Health: The Case of Seoul, South Korea〉에서는 서울시가 교통운영정보센터(TOPIS)를 개발하여 교통 데이터를 실시간으로 수집, 분석, 관리하고, 이를 기반으로 교통혼잡을 줄이고 대중교통의 효율성을 높이는 데 중요한 역할을 한다고 소개하고 있다. 또한, 서울은 코로나 팬데믹 기간에도 대중교통 서비스의 연속성을 유지하기 위해 다양한 조치를 펼쳤고, 이것은 버스와 같은 필수 이동수단의 운영을 지속하는 데 중요한 역할을 했다고 밝히고 있다. 2004년 서울 대중교통 개혁 이후 버스와 지하철 이용객이 증가했으며, 이는 첨단 ICT 기술과 ITS 기술의 도입 등으로 버스 운영의 효율성을 높이고 이용자 만족도를 증가시킨 결과라고 분석한다.

2021년 세계은행(World Bank Group)이 발표한 〈The Smart Transportation Card(T-Money): Integrating Public Transit Systems to Improve Citizen Mobility in Seoul, 1996-2004〉에서는 1996년부터 2004년까지 서울에서 도입한 스마트 교통카드인 T-Money 시스템의 개발 및 구현 과정을 다루고 있다.

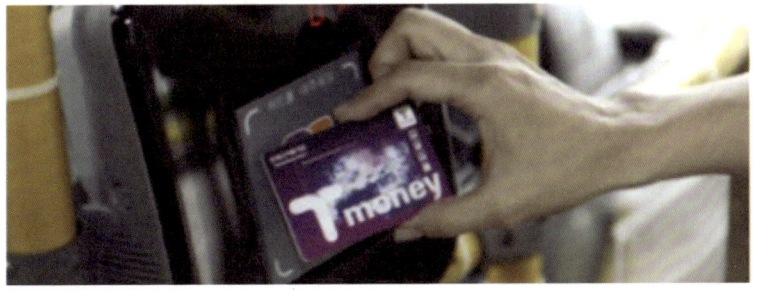

〈그림 10〉 세계은행의 사례연구로 등장한 서울의 교통카드

T-Money는 버스, 지하철, 택시 등 다양한 교통수단을 하나의 결제 시스템으로 통합하여 원활한 환승과 간

편한 요금 결제를 가능하게 하여 시민들의 이동성을 크게 높였다고 밝히고 있다. 이 글에서는 T-Money 구현 과정에서 직면한 기술적 장애 요소들과 여러 이해관계자 간 협력의 필요성을 다루면서, 유사한 스마트 교통 솔루션을 도입하려는 다른 도시들에 적용할 수 있는 교훈을 제시한다.

2022년 세계 14개의 도시 프로젝트를 집중적으로 소개한 〈Megaprojects for Megacities – A Comparative Casebook〉이라는 책의 'Bus Rapid Transit - the affordable transit megaproject alternative'라는 장에서는 서울 시내버스가 어떻게 도시교통 문제를 효과적으로 해결하고 있는지 설명한다. 서울 시내버스는 기존의 도로 인프라를 최대한 활용하여 비교적 적은 비용으로 대중교통 서비스를 개선한 사례로 다루어졌고, 중앙버스전용차로를 통해 버스의 속도와 정시성을 크게 높였다고 분석하고 있다.

McKinsey& Company의 2021년 보고서 〈Building a transport system that works: Five insights from our 25-city report〉에서 서울은 대중교통의 경제성 측면에서 높은 평가를 받았다고 소개한다. 이는 자동차 소

유를 비싸게 만들어 대중교통 이용을 촉진한 정책 덕분이며, 이러한 정책에는 주차 비용 인상과 자동차 소유 제한 등이 포함된다고 분석한다. 아울러 서울 버스는 효율성과 편리성 면에서 좋은 평가를 받았다고 소개한다. 버스전용차로와 버스 노선 최적화, 디지털 업그레이드를 통해 이용자들의 편의성을 높였다고 평가하고, 또한 실시간 교통 정보를 제공하는 디지털 장치와 같은 기술적 개선을 통해 버스 이용의 편의성을 높였다고 분석한다.

〈그림 11〉 ADB가 모범사례로 소개한 서울 버스 준공영제

이처럼 서울 버스 개혁은 서울 버스를 세계적 수준까지 올려놓았고, 그로 인해 세계적으로 여러 연구에서 다뤄지기에 이르렀다. ChatGPT와 이들 연구를 통해 우리는 서울 버스가 이미 세계적 수준이라는 것을 확인할 수 있다.

그렇다. 서울 버스는 세계적 수준이다. K-Bus라고 해도 좋을 당당한 변화를 이루어냈다.

서울 버스에 관한 미신과 사실 2
버스 개혁 이후 버스 서비스가 유지·개선되어 왔다?

Myth!!!
버스 개혁 이후 버스 서비스 수준은 전반적으로 하락해 왔다.
Fact!

2004년 버스 개혁 이후 서울 시내버스 서비스 수준은 유지, 개선되었을까? 아니면 나빠졌을까? 서비스를 평가하는 한 가지 방법은 시내버스를 이용하는 시민들이 느끼는 서비스 수준을 설문조사로 측정해서 진단하는 것이다. 이와 더불어 객관적인 요소들, 예를 들면 배차간격이나 전용차로의 통행속도 등 버스 서비스를 구성하는 핵심 요소들이 실제 어떻게 변화해 왔는지를 분석하는 것도 또 다른 방법이다. 후자가 더 객관적이고 정확한 방식이라고 볼 수 있다. 하나씩 분석해 보자.

[1] 배차간격

배차간격은 정시성과 더불어 시민들이 체감하는 버스 서비스의 중요 요소이다. 2024년 6월 대한교통학회가 2,500명의 서울시민을 대상으로 행한 〈시내버스 이용 시민 만족도 조사〉에서 배차간격에 대한 시민들의 만족도는 리커트(Likert) 5점 척도 평균 3.47점으로 나타났다.

조사 결과 〈그림 12〉와 같이 '만족하는 편 + 매우 만족'이 53.7%로 '매우 불만족 + 불만족인 편' 11.8%에 비해 더 높다.

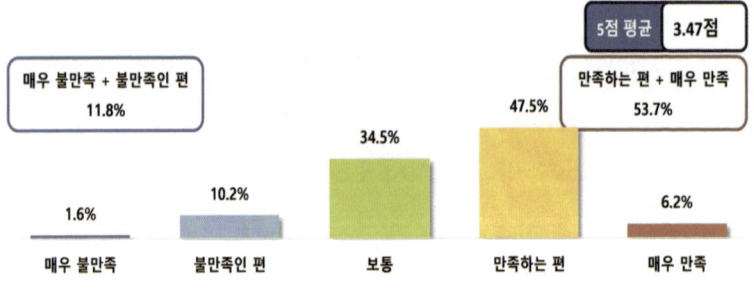

출처: Kstat 시내버스 이용 시민 만족도 조사(2024. 06)
〈그림 12〉 배차간격에 대한 시민 만족도 조사 결과

그런데 이 배차간격 만족도는 시내버스에 대한 전반적

인 만족도 Likert 5점 척도 평균 3.77점에 비해 낮은 편이다. 배차간격 만족도가 전반적인 버스 서비스 만족도에 미치지 못하는 것이다.

　시내버스 배차간격을 시내버스 이용 시민이 원하는 시간에 언제든지 탈 수 있는 그런 수준까지 줄일 수는 없다. 하지만 버스를 기다리는 시간이 조금이라도 짧아지길 원하는 것이 이용객들의 마음이다. 그렇다면 2004년 버스 개혁 이후 배차간격은 그대로 유지되었을까? 줄었을까? 늘었을까?

　이 궁금증을 풀기 위해 사실 확인을 해보자.

　〈표 1〉은 서울 시내버스의 평균 배차간격 추이를 나타낸 것이다. 통계에서 나타나 있듯이 최소 배차간격은 2005년 6.8분에서 점차 증가하여 2023년 8.7분까지 늘었고, 최대 배차간격은 2005년 13.8분에서 점차 증가하여 14.5분까지 증가했다. 특히 2016년 이후에는 조금씩이긴 하지만 꾸준히 증가했다. 전체 노선의 평균치여서 특정 구간별로 다를 수 있지만 경향성을 확인할 수 있다. 이 수치들은 시내버스 이용 시민의 일반적인 바람과 달리 서울 버스의 배차간격이 조금씩 늘어났다는 것을 보여준다.

〈표 1〉 서울 시내버스 평균 배차간격 추이   단위(분)

연도	최소 배차간격	최대 배차간격
2005	6.8	13.8
2006	7.2	13.9
2007	7.3	14.2
2008	7.7	13.7
2009	7.9	13.8
2010	7.8	13.9
2011	8.1	14.1
2012	7.8	13.9
2013	7.8	13.7
2014	7.9	13.9
2015	7.9	13.9
2016	7.9	13.8
2017	8.1	13.8
2018	8.1	13.8
2019	8.3	14.0
2020	8.4	14.1
2021	8.6	14.2
2022	8.6	14.3
2023	8.7	14.5

* 심야, 동행은 제외한 일반노선(지선, 간선, 광역, 맞춤) 평균 배차간격임.
출처: 서울특별시 자료

시내버스의 배차간격은 차내 혼잡에 직접적 영향을 미칠 수 있다는 점을 고려하면서 차내 혼잡 만족도를 살펴보자.

차내 혼잡에 대한 서울시민들의 만족도는 2024년 6월 대한교통학회의 〈시내버스 이용 시민 만족도 조사〉에서 19개 영역의 세부 조사 항목들 가운데 가장 낮은 점수인 Likert 5점 척도 평균 기준 3.11인 것으로 조사되었다. '매우 불만족 + 불만족인 편'이 24.0%에 달한다.

특히 서대문구 2.75, 금천구 2.82, 은평구 2.92, 성북구 2.96 등은 불만도가 특히 높다. 집중적인 관심과 대책 마련이 필요해 보인다.

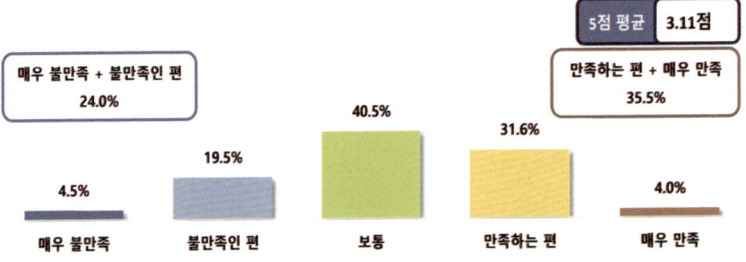

출처: Kstat 시내버스 이용 시민 만족도 조사(2024. 06)
〈그림 13〉 차내 혼잡에 대한 시민 만족도 조사 결과

〈표 2〉 차내 혼잡에 대한 시민 만족도 조사 결과 단위(%)

구분		사례수	매우 불만족	불만족 인 편	보통	만족하 는 편	매우 만족	[5점 평균]
전체		2,500	4.5	19.5	40.5	31.6	4.0	3.11
거주 지역	종로구	100	3.0	16.0	36.0	38.0	7.0	3.30
	중구	100	4.0	24.0	34.0	35.0	3.0	3.09
	용산구	100	5.0	16.0	45.0	32.0	2.0	3.10
	성동구	100	3.0	14.0	38.0	39.0	6.0	3.31
	광진구	100	5.0	19.0	36.0	34.0	6.0	3.17
	동대문구	100	5.0	23.0	35.0	33.0	4.0	3.08
	중랑구	100	4.0	14.0	43.0	34.0	5.0	3.22
	성북구	100	4.0	24.0	46.0	24.0	2.0	2.96
	강북구	100	2.0	19.0	39.0	36.0	4.0	3.21
	도봉구	100	4.0	17.0	40.0	33.0	6.0	3.20
	노원구	100	4.0	18.0	45.0	30.0	3.0	3.10
	은평구	100	2.0	30.0	43.0	24.0	1.0	2.92
	서대문구	100	11.0	27.0	40.0	20.0	2.0	2.75
	마포구	100	5.0	18.0	39.0	31.0	7.0	3.17
	양천구	100	5.0	23.0	38.0	31.0	3.0	3.04
	강서구	100	5.0	17.0	40.0	35.0	3.0	3.14
	구로구	100	5.0	14.0	44.0	36.0	1.0	3.14
	금천구	100	9.0	24.0	47.0	16.0	4.0	2.82
	영등포구	100	3.0	21.0	40.0	32.0	4.0	3.13
	동작구	100	2.0	24.0	38.0	34.0	2.0	3.10
	관악구	100	6.0	25.0	44.0	20.0	5.0	2.93
	서초구	100	7.0	15.0	45.0	29.0	4.0	3.08
	강남구	100	5.0	13.0	34.0	44.0	4.0	3.29
	송파구	100	3.0	17.0	40.0	34.0	6.0	3.23
	강동구	100	2.0	15.0	43.0	35.0	5.0	3.26

출처: Kstat 시내버스 이용 시민 만족도 조사(2024. 06)

[2] 인가 대수

배차간격이 늘어났다는 것은 운행 대수의 감소 가능성을 보여준다. 이것을 통계로 확인해 보자. 서울 시내버스 인가 대수는 2004년 버스 개혁 당시 8,307대에 달했다. 이후 서울시가 조금씩 버스 인가 대수를 줄이고 감차 조치를 하면서 인가 대수는 2022년 7,399대까지 줄었다.

〈표 3〉에서 확인할 수 있듯이 2004년부터 2022년까지의 누적 감차 대수는 1,067대에 달하며, 2004년 버스 개혁 시기를 기준으로 보면 12.8% 감소한 것이다. 2019년 이후에는 증감을 거듭하여 7,399대를 유지하고 있다.

사업자들에게는 이 인가 대수가 일종의 자산 개념이어서, 사업사들이 감차에 민감하게 반응하고 반발해 온 것도 사실이다. 하지만 재정지원금을 조금이라도 줄여야 하는 서울시의 입장에서는 감차 조치가 불가피한 측면도 있다.

서울 시내버스 인가 대수의 지속적인 감소는 합리적인 노선 조정의 결과가 아니라면 배차간격의 증가와 서비스 악화로 귀결될 가능성이 크다고 할 수 있다.

<표 3> 서울 시내버스 인가 대수 추이 단위(대)

연도	인가 대수	누적 감차 대수
2003	8,466	-
2004	8,307	159
2005	7,792	674
2006	7,766	700
2007	7,748	718
2008	7,736	730
2009	7,598	868
2010	7,548	918
2011	7,534	932
2012	7,522	944
2013	7,485	981
2014	7,485	981
2015	7,482	984
2016	7,421	1,045
2017	7,405	1,061
2018	7,404	1,062
2019	7,399	1,067
2020	7,398	1,068
2021	7,403	1,063
2022	7,399	1,067

출처: 서울특별시 자료

[3] 시내버스 통행속도

버스 서비스에서 매우 중요한 위치를 차지하는 것이 통행속도다. 2004년 버스 개혁에서 주요 성공 포인트 중의 하나가 버스전용차로 확충을 통해 시내버스의 통행

속도가 빨라지고 결과적으로 승용차 대비 경쟁력이 늘어난 것이다. 실제로 서울 버스 개혁 초기 중앙버스전용차로의 속도 개선은 버스 개혁을 상징하는 사례로 국내외에 널리 소개되었다. 당초 〈표〉로 소개된 자료를 〈그림 14〉로 여기 가져온 것은 버스 개혁 초기의 성과가 어떻게 다뤄졌는지 보기 위해서다.

그 내용을 보면 버스 개혁 이후 버스전용차로의 뚜렷한 속도 개선과 동시에 일반 차로의 속도 개선까지 성과가 나타났음을 알 수 있다.

아침 출근 시간대의 버스 통행속도는 도봉-미아로는 버스 개혁 이전 11.0km/h에서 이후(2004년 12월) 22.0km/h로, 수색-성산로는 버스 개혁 이전 13.1km/h에서 이후 21.6km/h로, 강남대로는 버스 개혁 이전 13.0km/h에서 이후 17.3m/h로 크게 개선되었다. 이 3개 도로의 버스 통행속도는 각각 100%, 64.9%, 33.1% 빨라진 것이다. 퇴근 시간대의 버스 통행속도는 더 크게 개선되었다. 시내버스의 난폭 운행이 줄어들고, 차로 이용의 안정화 등으로 인해 일반 차로의 통행속도가 개선된 것도 예상치 않았던 놀라운 변화였다.

Table 2-22. Bus and passenger car speeds before and after reform (Unit: km/h)

Classification	Type of car	Route	Before reform (2004.6)	After reform (2004.11)	After reform (2004.12)	Changes compared to pre-reform period (As of December)
Morning commute (07:00~09:00)	Bus	Dobong-Miaro	11.0	21.4	22.0	Up 11.0 (100.0%)
		Susaek-Seongsanro	13.1	21.5	21.6	Up 8.5 (64.9%)
		Gangnamdaero	13.0	17.7	17.3	Up 4.3 (33.1%)
	Passenger car	Dobong-Miaro	18.5	20.3	21.6	Up 3.1 (17.0%)
		Susaek-Seongsanro	20.3	20.2	22.3	Up 2.0 (9.9%)
		Gangnamdaero	18.0	18.7	18.6	Up 0.7 (3.7%)
Afternoon commute (18:00~20:00)	Bus	Dobong-Miaro	9.4	19.6	20.1	Up 10.7 (113.5%)
		Susaek-Seongsanro	13.1	25.5	25.5	Up 12.4 (94.6%)
		Gangnamdaero	10.0	17.5	16.9	Up 6.9 (68.8%)
	Passenger car	Dobong-Miaro	20.1	17.9	18.4	Down 1.7 (-8.7%)
		Susaek-Seongsanro	25.8	24.4	24.4	Down 1.4 (-5.4%)
		Gangnamdaero	14.5	13.8	13.9	Down 0.6 (-4.4%)

출처: KOTI Knowledge Sharing Report(2012), Bus System Reform in Korea
〈그림 14〉 버스 개혁 전후의 통행속도 비교

버스 개혁 초기의 이 놀라운 버스 통행속도 개선은 이후에도 이어졌을까? 안타깝게도 현실은 정반대다.

2024년 7월 1일 개최된 정책토론회에서 서울시립대 황보연 교수는 "버스 통행속도가 승용차 통행속도보다 늦어져 버스의 경쟁력이 갈수록 약해지고 있다."라고 지적하여 언론의 큰 반향을 일으켰다. 그의 분석에 따르면 2007년 22.3km/h에 달했던 중앙버스전용차로의 속도

(당시 승용차 도심 속도 14.4km/h)는 2022년 17.2km/h까지 낮아져 승용차 도심 속도 19.2km/h에 미치지 못하고 있다.

<표 4> 서울 버스/승용차 통행속도　　　　단위(km/h)

구분	2007년	2013년	2019년	2022년
중앙버스전용치로	22.3	20.4	16.9	17.2
버스일반차로	19.6	20.0	17.9	18.4
승용차도심속도	14.4	18.7	18.5	19.2

출처: 황보연(2024), 서울 대중교통체계 개편 20년 성과와 과제, <서울 시내버스의 지속가능한 발전방안 2024>

중앙버스전용차로의 속도가 버스일반차로의 통행속도나 승용차의 도심 통행속도에도 미치지 못한다는 것은 버스 개혁의 성과로 꼽았던 '버스 우위'가 무너졌음을 의미한다. 특히 승용차의 도심통행속도는 점차 개선되어 중앙버스전용차로나 버스일반차로의 속도를 훨씬 앞지른 일종의 역전 현상이 나타나게 되었다는 것은 충격이다. 일각에서는 이것을 서울시의 정책 기조가 승용차를 우대하는 쪽으로 기울어진 탓에 나타난 현상이라고까지 비판한다. 한때 놀랄만한 성과를 거둔 영역에서도 방치는 씁쓸한 퇴보로 이어질 수 있다.

〈그림 15〉 서울 버스 개혁의 상징 중앙버스전용차로

교통전문가들과 사업자들은 중앙버스전용차로의 통행 속도 저하의 주된 원인이 과도한 경기도 광역버스의 진입이라고 추정한다.

이를 확인하기 위해 나는 대한교통학회의 명의로 관련 업무를 담당하는 대도시권광역교통위원회에 다음 여러 항목의 정보 공개를 청구했으나, 단 하나의 정보도 받지 못하고 모두 공개를 거부당했다.

1) 현재 서울 시계 내로 진입하는 경기, 인천 등 수도권 지역의 광역버스(광역급행, 직행좌석) 운행 현황 – 운행노선 수, 노선 연장, 노선별 운행 대수, 소요시간 등

2) 현재 서울 시계 내로 진입하는 경기, 인천 등 수도권 지역의 광역버스(광역급행, 직행좌석) 이용 승객의 서울 시계 내 주요 승하차 정류소 및 승하차 승객수(BMS 또는 교통카드 자료 분석 결과)

3) 서울 시계 내로 진입하는 경기, 인천 등 수도권 지역의 광역버스(광역급행, 직행좌석) 운행 현황 연도별 추이 – 노선 수, 노선별 운행 대수, 총 운행 대수, 소요시간 등

4) 서울-경기 경계요충지 환승센터 건립 추진 현황 및

향후 설치 계획

5) 수도권 광역버스 정책 및 공급 계획, 지원 계획

아쉬움을 느끼면서 서울시로부터 정보 공개 청구를 통해 받은 자료(2024년 6월 현황 자료)와 서울시 홈페이지에 있는 자료, 2015년 인천발전연구원의 보고서에 있는 통계를 〈표 5〉로 재구성했다.

〈표 5〉 서울시 ↔ 경기/인천 운행노선 현황

면허지역	운행지역	노선수			운행 대수[4]		
		2015년	2024년 1월	2024년 6월	2015년	2024년 1월	2024년 6월
경기도	서울시 ↔ 경기도	331	557	611	4,889	5,666	5,914
인천시	서울시 ↔ 인천시	25	28	27	324	338	310
	소 계	356	585	638	5,213	6,004	6,224
서울시	서울시 ↔ 경기도	78	83	113	1,738	1,959	2,245
	서울시 ↔ 인천시	1	-	-	11	-	-
	소 계	79	83	113	1,749	1,959	2,245

출처: 2015년 자료는 인천발전연구원(2015), 서울시와 인천시 버스교통행정 및 정책비교 연구. 2024년 1월 자료는 서울특별시 홈페이지

---

[4] 인천발전연구원(2015)에서는 2015년 '운행 대수'가 아닌 '등록대수'로 되어 있다.

지난 9년 사이에 경기도 광역버스의 서울 진입이 1,000대 이상 늘어났고, 2024년 상반기에도 248대가 늘어났음을 알 수 있다. 결국 서울 시계 내 상당수 중앙버스전용차로 구간에서 과밀구간이 발생했으나 서울시는 여기에 대해 거의 아무런 대응을 하지 못한 것으로 보인다. 중앙버스전용차로의 통행속도가 크게 줄어들게 된 원인을 추정할 수 있다.

[4] 노선 수 및 정류장 수

서울 시내버스 노선 수는 2004년 버스 개혁 당시 457개에 달했으나 서서히 줄어들어서 2016년 351개까지 감소했다. 이후 조금씩 늘어나 2023년 현재 385개에 달한다. 노선의 감소는 이용 시민의 불편을 초래할 개연성을 배제하기 어렵다.

시내버스 정류장 수는 2004년 5,152개였는데 매년 조금씩 늘어나 2023년 6,630개에 달한다. 정류장 수의 증가는 시민들의 접근성 향상이라는 측면에서 서비스 개선으로 볼 수도 있다. 특히 대중교통 소외지역에 정류장이 만들어지면 이용 시민의 편익은 크게 증진될 수 있다.

<표 6> 서울 시내버스 노선 수 및 정류장 수   단위(개)

연도	노선 수	정류장 수
2004	457	5,152
2005	402	5,194
2006	395	5,374
2007	390	6,111
2008	381	6,149
2009	375	5,484
2010	369	5,378
2011	363	6,011
2012	361	6,054
2013	361	6,058
2014	358	6,059
2015	355	6,068
2016	351	6,087
2017	354	6,244
2018	354	6,252
2019	354	6,293
2020	355	6,451
2021	361	6,577
2022	373	6,608
2023	385	6,630

출처: 서울특별시 자료

그런데 전체 도시교통의 측면에서 보면 운행 대수의 증가를 수반하지 않은 채 정류장 수가 늘어나면 통행시간 증가 등 서비스 악화로 이어질 수 있다. 앞에서 살펴본 것처럼 서울 시내버스의 운행 대수는 조금씩 줄어들었기 때문에 정류장 수의 증가를 서비스 개선으로 보기에는 무리가 있다.

앞에서 살펴본 바와 같이 버스 개혁 이후 배차간격, 인가 대수, 전용차로 속도, 노선 수 등 주요 버스 서비스 관련 지표가 전반적으로 나빠졌다. 이런 상황은 2024년 6월 대한교통학회가 2,500명의 서울시민을 대상으로 행한 〈시내버스 이용 시민 만족도 조사〉 결과와 맞아떨어진다. 서비스 만족도 19개 영역의 세부 조사 항목들 가운데 차내 혼잡 3.11, 배차간격 3.47, 정시성 3.53, 버스 노선의 적절함 3.54 등의 만족도가 전반적인 만족도 3.77에 비해 낮게 나타난 것은 이를 뒷받침해 준다.

배차간격이나 인가 대수, 버스의 통행속도 등 버스 서비스의 핵심 요소들이 버스 개혁 이후 전반적으로 유지, 개선되기보다는 나빠진 것으로 보는 것이 더 현실에 부합한다. 특히 버스의 통행속도가 승용차 통행속도보다 느리게 되었다는 것은 버스 개혁의 가장 중요한 공든 탑이 무너진 것으로 큰 충격이 아닐 수 없다. 그 충격을 보도한 여러 언론 보도 가운데 중앙일보 강갑생 교통전문기자의 기사를 인용한다.

"버스 속도 향상도 과제다. 유정훈 아주대 교통시스템공학과 교수는 "승객을 다시 늘리려면 버스 경쟁력의 핵심인 속도를 높여야 하고, 이를 위해선 버스전용차로를 대폭 확대해야 한다"며 "편도 2차로 구간도 필요하면 전용차로를 설치하고, 중앙버스전용차로에서는 교차로에 버스우선 신호를 도입해 속도를 높여줘야 할 것"이라고 제안했다. 자율주행 등 첨단기술과 버스의 접목도 요구된다."[5]

---

5) 중앙일보 2024. 07. 17, MB표 버스 준공영제 20년…속도저하, 재정부담 난제 풀어야

서울 버스에 관한 미신과 사실 3
서울 버스 요금은 다른 글로벌 도시들에 비해 낮다?
Fact!!!

대한교통학회가 2024년 6월 교통전문가 50명에게 서울 시내버스의 요금 수준을 물었다.

"현재의 서비스 수준이나 만족도, 다른 해외도시의 교통요금 등을 고려할 때 서울 시내버스의 요금 수준을 어떻게 느끼십니까?"

〈그림 16〉과 같이 저렴하다는 의견이 84%('저렴한 편' 60%+'매우 저렴' 24%), 적정하다는 의견이 14%, 비싸다는 의견은 2%('비싼 편' 2%+'매우 비쌈' 0%)였다. 5점 척도 평균 4.06으로 전문가들 가운데 압도적 다수가 서울의 시내버스 요금이 저렴하다고 인식하고 있다.

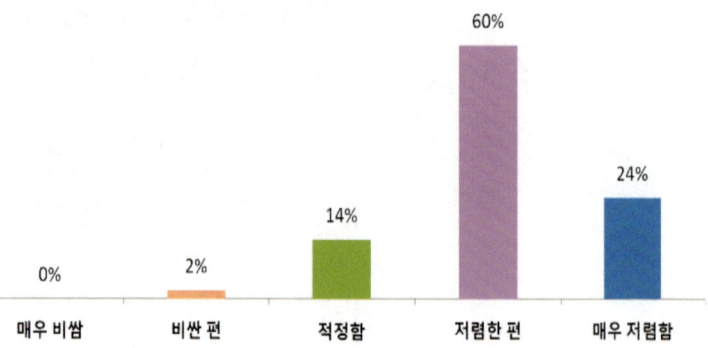

출처: 서울 시내버스 발전방안에 관한 전문가 델파이 조사, 대한교통학회, 2024. 06.
〈그림 16〉 '서울 버스 요금 수준' 전문가 응답

 같은 질문을 같은 시기에 서울시민 2,500명에게 던졌다. "귀하께서는 현재의 서비스 수준이나 만족도, 다른 해외도시의 교통 요금 등을 종합적으로 고려할 때 시내버스의 요금 수준에 대해서 어떻게 느끼십니까?"
 가장 많은 50.6%의 시민이 '적정하다'라고 응답했다. 교통전문가들과 상당히 차이가 난다. 비싸다는 의견이 25.3%('매우 비쌈' 2.8%+'비싼 편' 22.5%), 저렴하다는 의견은 24.1%('저렴한 편' 20.6%+'매우 저렴' 3.5%)였다. 양쪽의 비율이 거의 같다.
 서울의 시내버스 요금에 대한 교통전문가들의 인식과

시민들의 인식 차이가 크다는 점이 흥미롭다. 특히 시민들은 요금 인식 조사에서 저렴한 편이라고 응답할 경우, 요금인상 추진의 근거가 될 수도 있다고 생각해서 조금은 보수적으로 응답할 가능성이 크다.

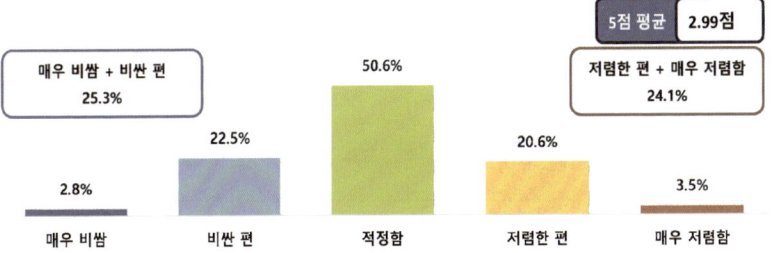

출처: Kstat 시내버스 이용 시민 만족도 조사(2024. 06)
〈그림 17〉 서울 버스 요금에 대한 시민 만족도 조사 결과

시내버스 요금 만족도 조사 결과에서 인구통계학적 특성에 따른 분석 결과는 눈여겨 볼 만하다.
• '남성'이 3.05점, '여성'이 2.94점으로 남성이 더 저렴하다고 느낌. T-test 결과 $p<0.01$로 95% 신뢰수준하에서 유의한 차이를 보임.
• 연령대별로는 '60대'가 3.09점으로 가장 저렴하다고 보고 있고, '18-29세'는 2.88점으로 가장 낮았음. F-test 결과 $p<0.01$로 95% 신뢰수준하에서 유의한 차

이를 보임.

• 자가용 보유 여부로는 '있음'이 3.08점, '없음'이 2.87점으로 차이를 보임. 기후동행카드 사용 여부로는 '사용함'이 3.09점, '사용하지 않음'이 2.96점으로 차이를 보임. 둘 다 T-test 결과 p<0.01로 95% 신뢰수준하에서 유의한 차이를 보임.

〈표 7〉 서울 버스 요금에 대한 시민 만족도 차이 단위(%)

구분		사례 수	매우 비쌈	비쌈	적정	저렴	매우 저렴	[5점 평균]	통계 분석
[전체]		2,500	2.8	22.5	50.6	20.6	3.5	2.99	-
성별	남성	1,218	3.4	20.3	48.3	24.2	3.9	3.05	t=3.232 df=2,460.654 p=0.001**
	여성	1,282	2.3	24.6	52.7	17.2	3.1	2.94	
연령대	18-29세	523	5.7	27.9	42.1	21.2	3.1	2.88	F=4.334 df=4 p=0.002**
	30대	500	3.4	25.0	46.2	20.4	5.0	2.99	
	40대	491	2.6	22.8	50.5	20.4	3.7	3.00	
	50대	523	1.0	19.3	57.9	19.1	2.7	3.03	
	60대	463	1.3	16.8	56.6	22.2	3.0	3.09	
자가용 보유 여부	있음	1,478	2.0	19.7	50.7	23.3	4.3	3.08	t=6.409 df=2,498 p=0.000***
	없음	1,022	4.0	26.5	50.4	16.8	2.3	2.87	
기후동행 카드 사용 여부	사용함	635	2.8	20.9	46.1	24.6	5.5	3.09	t=3.217 df=1,014.158 p=0.001**
	미사용	1,865	2.8	23.0	52.1	19.3	2.8	2.96	

출처: Kstat 시내버스 이용 시민 만족도 조사(2024. 06)

남성과 여성, 연령대, 자가용 보유 여부 등 소득에 따라 요금 수준에 대한 인식이 유의미한 차이를 보이고 있고, 기후동행카드를 사용하는 시민들은 상대적으로 요금이 저렴하다고 인식하고 있다는 것을 알 수 있다.

서울 시내버스 요금 수준에 대한 인식에서 교통전문가들과 시민들 사이에 커다란 차이가 있다는 것을 확인하면서 서울의 시내버스 요금과 다른 글로벌 도시들의 시내버스 요금을 비교해 보고자 한다.

비교 대상 글로벌 도시들은 소득수준 등을 고려하여 뉴욕, 런던, 파리, 도쿄 등 4개를 선정했다.

요금 수준의 국제 비교는 1회 요금, 1개월 요금 등 크게 두 가지로 할 수 있는데, 다수 시민의 이용 패턴을 고려하면 1개월 요금 비교가 더 시민들의 실생활에 가까운 것이라고 할 수 있겠다.

〈표 8〉에서 확인할 수 있듯이 2024년 6월 기준으로 서울 시내버스의 1개월 요금은 뉴욕의 36%, 런던의 41%, 파리의 53%, 도쿄의 74% 수준이다.

1회 요금 기준으로는 서울 시내버스 요금은 뉴욕의 40%, 런던의 54%, 파리의 48%, 도쿄의 80% 수준이다.

서울 시내버스 요금은 1개월 요금, 1회 요금 모두 글로벌 도시들에 비해 크게 낮은 수준이라는 것을 확인할 수 있다.

〈표 8〉 시내버스 요금 국제 비교[6]

구분	서울	뉴욕	런던	파리	도쿄
1회	₩1,500	$2.90 ₩3,756	£1.75 ₩2,756	€ 2.10 ₩3,113	¥210 ₩1,871
1개월	₩62,000*	$132 ₩170,940	£94.90 ₩149,467	€ 84.10 ₩116,479	¥9,450 ₩84,200

출처: 서울특별시, MTA, TfL, RATP, Truly Tokyo, Toei Bus
* 따릉이 이용 포함 시 ₩65,000임.

글로벌 도시들 사이의 시내버스 요금 비교에서 1회 요금 기준일 때와 1개월 요금 기준일 때 그 순서가 약간 변한다. 〈그림 18〉과 〈그림 19〉에서 볼 수 있듯이 두 경우 모두 서울이 가장 낮고, 뉴욕이 가장 높다. 1개월 요금 기준으로는 서울, 도쿄, 파리, 런던, 뉴욕 순으로 시내버스 요금이 저렴하다.

---

[6] 2024년 6월 시점에서 비교한 것이다. 환율은 2024년 1월부터 6월까지의 평균환율을 적용했다. 1 USD당 1295 KRW, 1 GBP당 1,575 KRW, 1 EUR당 1,385 KRW, 1 JPY당 8.91 KRW.

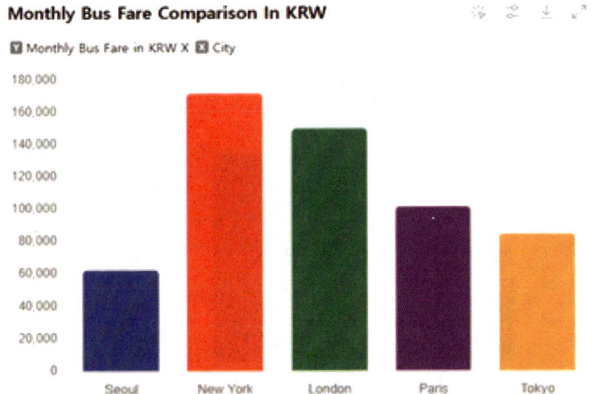

출처: 서울특별시, MTA, TfL, RATP, Truly Tokyo, Toei Bus
〈그림 18〉 1개월 기준 시내버스 요금 국제 비교

그런데 1회 요금의 경우 〈그림 19〉와 같이 그 순서가 조금 달라져서 서울, 도쿄, 런던, 파리, 뉴욕 순으로 시내버스 요금이 저렴하다.

더 공정한 비교를 위해 시내버스 요금을 각 도시의 소득을 고려해서 살펴보기로 하자. 1인당 월 소득 대비 월 시내버스 요금의 비율은 서울 1.62%로 런던 2.87%, 도쿄 2.52% 뉴욕 2.33%, 파리 1.86%에 비해 낮은 것으로 나타났다.

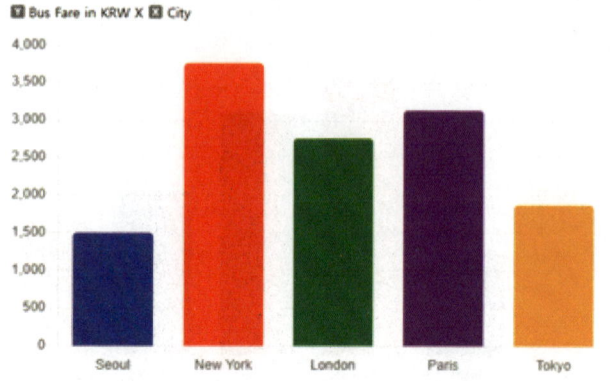

출처: 서울특별시, MTA, TfL, RATP, Truly Tokyo, Toei Bus
〈그림 19〉 1회 기준 시내버스 요금 국제 비교

1개월 시내버스 요금을 단순 비교하면 뉴욕이 가장 높지만, 소득수준을 고려하면 런던이 가장 높고, 도쿄, 뉴욕, 파리, 서울 순으로 높다는 것을 확인할 수 있다.

서울의 시내버스 요금 자체도 낮지만, 소득수준을 고려해서 비교할 때도 서울시민의 시내버스 요금 지출은 상대적으로 적다는 것을 알 수 있다. 만일 비슷한 수준의 서비스가 제공되고 있다고 가정하면, 서울시민은 가장 낮은 요금을 부담하면서 대중교통 서비스를 누리고 있다고 풀이할 수 있다.

〈표 9〉 소득수준을 고려한 시내버스 요금 국제 비교

도시	1인당 월 평균소득	1개월 시내버스 요금	월 소득 대비 버스 요금
서울	₩3,658,200	₩62,000	1.69
뉴욕	$5,651	$132	2.33
런던	£3,308	£94.90	2.87
파리	€4,508	€84.1	1.86
도쿄	¥375,000	¥9,450	2.52

출처: 통계청, GOV.UK, NY.GOV, The Local France, Statistics of Tokyo

그렇다면 2024년 현재 시점에만 서울 시내버스 요금이 다른 글로벌 도시들보다 낮은 것일까? 아니면 낮은 수준을 예전부터 지금까지 유지해 왔을까? 2004부터 2024년까지 주요 글로벌 도시별 버스 요금 변동 추이를 비교해 보았다.

〈그림 20〉에서 확인할 수 있듯이 파란색으로 표시된 서울의 버스 요금은 지난 20년 동안 글로벌 도시들보다 낮은 수준을 꾸준히 유지해 왔다. 〈그림 20〉에서 글로벌 도시들의 시내버스 요금은 지난 20년간 국가별로 5년간 평균환율(2004년~2008년, 2009년~2013년 등)을 적용하여 원화로 환산한 값이다.

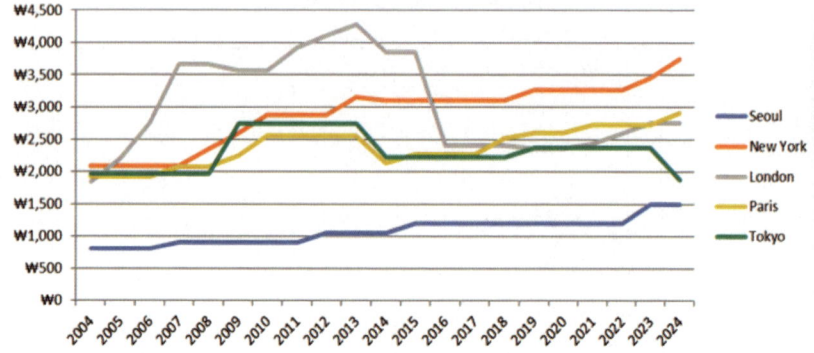

출처: 서울특별시, MTA, TfL, RATP, Truly Tokyo, Toei Bus

〈그림 20〉 주요 글로벌 도시들의 시내버스 요금 추이

2015년 런던의 시내버스 요금은 급격하게 인하되었는데, 이는 영국 정부가 버스나 트램 승객이 1시간 이내에 추가 요금 없이 자유롭게 환승할 수 있는 Hopper Fare 제도를 도입한 결과다. 이를 제외하고는 글로벌 도시들에서 버스 요금이 인하된 사례는 없었으나, 적용 환율의 변동으로 인해 내려간 것처럼 보이는 경우가 있다.

〈그림 20〉에서 늘 맨 아래를 지켜온 서울. 서울의 시내버스 요금은 지난 20년간 다른 글로벌 도시들 대비 낮은 요금 수준을 유지해 왔고, 지금도 낮다.

서울 버스에 관한 미신과 사실 4
서울 버스 요금인상 횟수는 글로벌 도시들에 비해 많았다?
Myth!!!
서울 버스 요금인상 횟수는
글로벌 도시들에 비해 적었다.
Fact!

시내버스는 시민의 발이자, 서민의 발이기도 하다. 그래서 시내버스 요금을 올리는 것은 그리 쉬운 일이 아니다. 선거 때마다 시민들의 표를 얻어야 하는 각 도시의 시장들이 볼 때 시내버스 요금인상은 인기를 떨어뜨리기 쉽다. 그러니 만지고 싶지 않은 카드다.

예를 들어 서울 시내버스 요금은 2015년 1,200원으로 인상된 다음 2023년 1,500원으로 인상할 때까지 8년 동안 올리지 않았다. 박원순 시장이 미루었던 일을 오세훈 시장이 떠밀려 한 셈이다.

그 사이에 표준운송원가는 2015년 690,947원에서 2022년 857,741원으로, 운전기사의 평균 급여는 2015년 4,521.9만 원에서 2022년 5,674.7만 원까지 꾸준히 상승했지만, 요금인상은 미루고 또 미룬 것이다. 물가상승률은 2021년과 2022년 통계만 찾아보아도 각각 2.5%, 5.1%였다.

요금인상을 오래도록 지연시키는 것은 시민들의 부담을 줄인다는 긍정적인 측면도 있겠지만, 다른 면에서 보면 상당히 비정상적이다. 정치적일 수밖에 없는 시장의 판단과 선택으로 요금이 오르지 않는다면 당연히 다른 곳에서 문제가 불거지기 마련이다.

재정지원금, 즉 세금이 많이 들어간다거나 엉뚱한 다른 곳에서 문제를 찾는 책임 전가 행위가 나타나게 된다. 때로는 그 도시의 시장이 일으킨 문제를 그 시장이 아닌 다른 사람들이 책임을 지게 되는 형국이 된다. 정치인인 시장의 이런 선택이 서울이나 한국만의 일은 아닌 것 같다. 이와 비슷한 상황이 나타나는 것을 막기 위해 뉴욕에서는 2년마다 시내버스 요금을 인상하는 제도가 마련되었다.

교통전문가들은 도시의 시장들이 겪는 요금인상에 대한 부담감과 회피가 우리나라 도시 행정에서 심각한 문제를 일으키고 있다고 보고, 이에 대한 근본적인 대안 마련을 촉구한다.

대한교통학회가 교통전문가 50명을 대상으로 이 문제에 대한 전문가 델파이 조사(2024년 6월)에서 다음과 같이 물었다.

'미국 뉴욕(New York)시의 경우 2년마다 물가인상률 수준의 요금인상을 정례화하는 법·제도를 만들어 시행하고 있다. 이런 제도적 장치를 통해 요금인상을 해야 하는 시장의 정치적 부담을 줄이고 안정적인 대중교통 운영을 도모한다. 서울시에도 이와 유사한 조례가 있지만 사실상 작동되지 않고 있음을 고려하여 실효성 있는 법·제도를 만들어야 한다는 전문가들의 제안에 대한 귀하의 의견은 무엇인가?'

교통전문가들의 응답 결과는 Likert 5점 척도 평균 3.96점으로 상당히 높은 지지도를 보였다. '동의한다'는 의견이 78%(전적으로 동의 30% + 동의하는 편 48%)로 '동의하지 않는다' 12%에 비해 월등히 많았다.

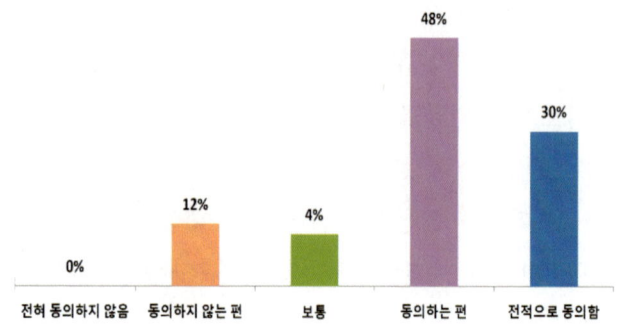

출처: 서울 시내버스 발전방안에 관한 전문가 델파이 조사,
대한교통학회, 2024. 06.
〈그림 21〉 '요금인상 정례화' 전문가 응답

대부분의 도시들이 시내버스 요금인상에 대한 부담감을 지니고 있다는 것을 생각하면서 지난 20년 동안 글로벌 도시들의 요금 추이를 확인해 보자.

서울은 2004년부터 2024년 사이에 시내버스 요금인상은 네 차례 이루어졌다. 한 차례 오를 때마다 평균 14% 인상되었다. 앞에서 언급했듯이 2015년 이후 9년 만인 2023년 요금이 1,200원에서 1,500원으로 300원 인상되었다.

그렇다면 같은 기간 다른 도시들은 어땠을까? 놀랍게

도 런던을 제외하고는 큰 차이가 없었다. 도쿄는 단 한 차례 요금인상이 있었을 뿐이다.

〈표 10〉 글로벌 도시들의 시내버스 요금 추이(2004~2024)

Year	Seoul Fare (KRW)	New York Fare (USD)	Fare (KRW)	London Fare (GBP)	Fare (KRW)	Paris Fare (Euro)	Fare (KRW)	Tokyo Fare (Yen)	Fare (KRW)
2004	₩800	$2.00	₩2,084	£1.00	₩1,834	1.40 €	₩1,932	¥210	₩1,964
2005	₩800	$2.00	₩2,084	£1.20	₩2,201	1.40 €	₩1,932	¥210	₩1,964
2006	₩800	$2.00	₩2,084	£1.50	₩2,751	1.40 €	₩1,932	¥210	₩1,964
2007	₩900	$2.00	₩2,084	£2.00	₩3,668	1.50 €	₩2,070	¥210	₩1,964
2008	₩900	$2.25	₩2,345	£2.00	₩3,668	1.50 €	₩2,070	¥210	₩1,964
2009	₩900	$2.25	₩2,588	£2.00	₩3,570	1.50 €	₩2,250	¥210	₩2,745
2010	₩900	$2.50	₩2,875	£2.00	₩3,570	1.70 €	₩2,550	¥210	₩2,745
2011	₩900	$2.50	₩2,875	£2.20	₩3,927	1.70 €	₩2,550	¥210	₩2,745
2012	₩1,050	$2.50	₩2,875	£2.30	₩4,106	1.70 €	₩2,550	¥210	₩2,745
2013	₩1,050	$2.75	₩3,163	£2.40	₩4,284	1.70 €	₩2,550	¥210	₩2,745
2014	₩1,050	$2.75	₩3,110	£2.40	₩3,850	1.70 €	₩2,142	¥220	₩2,218
2015	₩1,200	$2.75	₩3,110	£2.40	₩3,850	1.80 €	₩2,268	¥220	₩2,218
2016	₩1,200	$2.75	₩3,110	£1.50	₩2,406	1.80 €	₩2,268	¥220	₩2,218
2017	₩1,200	$2.75	₩3,110	£1.50	₩2,406	1.80 €	₩2,268	¥220	₩2,218
2018	₩1,200	$2.75	₩3,110	£1.50	₩2,406	2.00 €	₩2,520	¥220	₩2,218
2019	₩1,200	$2.75	₩3,275	£1.50	₩2,360	2.00 €	₩2,600	¥220	₩2,374
2020	₩1,200	$2.75	₩3,275	£1.50	₩2,360	2.00 €	₩2,600	¥220	₩2,374
2021	₩1,200	$2.75	₩3,275	£1.55	₩2,438	2.10 €	₩2,730	¥220	₩2,374
2022	₩1,200	$2.75	₩3,275	£1.65	₩2,595	2.10 €	₩2,730	¥220	₩2,374
2023	₩1,500	$2.90	₩3,454	£1.75	₩2,753	2.10 €	₩2,730	¥220	₩2,374
2024	₩1,500	$2.90	₩3,756	£1.75	₩2,756	2.10 €	₩2,909	¥220	₩1,871

출처: 서울특별시, MTA, TfL, RATP, Truly Tokyo, Toei Bus

〈표 10〉에서 노란색으로 구별한 연도에 표시된 금액으로 요금 변동이 이루어졌다. 이 표는 글로벌 도시들의 시내버스 요금을 지난 20년간 국가별로 5년 평균환율

(2004년~2008년, 2009년~2013년 등)을 적용하여 원화로 환산한 것이다.

지난 20년 동안 뉴욕의 요금인상은 네 차례, 런던은 아홉 차례(2015년 대폭 요금인하 한 차례), 파리는 다섯 차례(올림픽 앞두고 한시적으로 요금을 크게 인상한 2024년은 통계의 객관성 유지를 위해 제외함), 도쿄는 한 차례 각각 요금인상이 이루어진 것으로 나타났다.

글로벌 도시들의 요금인상 추이를 살펴보면 다음과 같다.

• **뉴욕** 뉴욕의 시내버스 요금은 2004년부터 2024년 사이에 네 차례 인상이 이루어졌고, 평균 약 9.4% 인상되었다. 뉴욕은 코로나 팬데믹 이전에 2년마다 정례적으로 요금인상을 하기로 합의한 바 있으나, 팬데믹 시기인 2021년 뉴욕주 정부(Gov. Kathy Hochul)의 특별보조금 덕분에 요금인상을 시행하지 않았다. 이 특별보조금으로 요금인상 없이 코로나 팬데믹 기간 버스 이용객의 급격한 감소 상황에서도 서비스를 유지했다. 뉴욕 시내버스 운영사인 MTA는 "2023년 요금인상에서 뉴욕주 정부의 추가 특별보조금 덕분에 필요한 인상액인 5.5% 대신에 4% 요금인상을 시행했다."라고 밝히고 있다.

• **런던** 런던의 시내버스 요금은 2004년부터 2013년 사이에 다섯 차례 인상되었고, 평균 16% 인상되었다. 1회 기준 시내버스 요금은 £1.2(2004년)에서 £2.4(2013년)로 100% 인상된 셈이다. 2015년 정부의 Hopper Fare 제도 도입으로 시내버스 요금을 대폭 인하했고, 요금체계를 변경하여 현금 기준 버스 요금은 사라지고 Oyster Card 이용으로 대체했다.

출처: Transport for London
〈그림 22〉 런던의 Oyster Card

2021년부터 2023년 사이 매년 약 5%씩 소폭 인상되었으며, 2023년 공약에 따라 버스 요금은 동결하는 대신(2025년 3월까지 요금 동결 결정) 정부가 추가 보조금을 집행했다.

• **파리** 파리의 시내버스 요금은 2004년부터 2024년 사이에 다섯 차례 인상되었고, 평균 인상률은 약 8.9%였다.

• **도쿄** 도쿄의 시내버스 요금인상 추이는 이해하기 어려울 정도로 독특해서 확인, 재확인을 거쳤다. 도쿄의 시내버스 기본 운임은 1970년 이후 점진적으로 인상되어 1979년(昭和 54년) ¥100이 되었는데 이후 1~3년마다 꾸준히 ¥10씩 인상을 거듭하여 1994년(平成 6년)에는 ¥200이 되었다. 그로부터 3년 후인 1997년(平成 9년) ¥210으로 시내버스 요금을 인상한 후 17년 동안 시내버스 요금을 그대로 유지했다. 이후 2014년(平成 26년) ¥220으로 시내버스 요금을 인상하여 지금까지 유지 중이다. 2004년부터 2024년 사이에 도쿄의 시내버스 요금은 단 한 차례만 인상이 이루어진 것이다.

이렇게 볼 때 '서울 시내버스 요금인상 횟수는 다른 글로벌 도시들에 비해 많았다.'라는 것은 사실이 아니라고 판단된다. 도쿄보다 많았던 것은 사실이지만 다른 글로벌 도시들보다는 적거나 같았다.

서울 버스에 관한 미신과 사실 5
서울 버스 재정지원금은 글로벌 도시들에 비해 많다?

Myth!!!

서울 버스 재정지원금은 글로벌 도시들보다 훨씬 적다.

Fact!

코로나 팬데믹이 절정에 달했던 지난 2022년 서울 시내버스의 총 운송비용은 1조 9,635.2억 원이다. 요금수입이 1조를 약간 넘는 수준이어서 서울 시내버스에게 필요한 재정지원금은 무려 8,507.9억 원에 달하는 것으로 나타났다. 팬데믹이 버스 이용 전반에 커다란 영향을 끼쳤기 때문일 거라고 생각은 하면서도 재정지원금 규모가 커지자, 일각에서 '세금 퍼주기'라는 비난이 제기되었다.

"시내버스에 8천억 원이 넘는 세금이 들어간다고?"

일단은 그 규모가 워낙 컸기에 시내버스가 '세금 먹는

하마'라는 비난을 듣게 된 것이다. 과연 서울 시내버스는 세금 먹는 하마일까?

이 문제는 특히 혈세(血稅)인 세금을 쓰는 일이라 워낙 민감하고 중요한 것이어서 글로벌 도시들과의 비교를 포함한 여러 측면에서 문제를 진단하고 분석하고자 한다. 어느 도시들과 비교할 것인가부터 고민이 깊었다. 도쿄는 도쿄도(都)가 운영하는 도영(都營)버스가 메인이어서 비교 대상에서 제외했고, 파리는 통계를 구하기가 어려워 포기할 수밖에 없었다. 이렇듯 구할 수 있는 데이터의 한계를 전제로, 글로벌 도시들의 시내버스 운영에 관한 연구 범위가 뉴욕과 런던으로 좁혀졌다. 뉴욕과 런던의 데이터도 정보공개법을 근거로 여러 차례의 이메일을 주고받으며 어렵게 구한 자료들과 정부의 공식 통계 사이트에 있는 내용을 대조 확인(cross check)하는 검증 과정을 거쳐서 사용했다.

이 비교분석 과정에서 시내버스 운영이나 재정지원금과 관련해서 각 도시별로 사용하는 용어가 차이가 있음을 확인했다. 예를 들면 서울특별시버스운송사업조합과 서울특별시는 운송비용이라는 용어로 사용하고 있는데, 준공영제인 서울 버스의 운영체계에서는 전체 수입과 전체 지출은 동일할 수밖에 없다. 준공영이나 공영으로 운영되는 글로벌 도시들에서 쓰는 운영수입(operating revenue), 운영비용(operating expense), 총수입(total revenue) 등은 모두 동일한 의미라고 본다. 그 용어에 무관하게 같은 금액이라고 볼 수 있기 때문이다.

[1] 서울 시내버스의 운송비용 추이

〈표 11〉에서 확인할 수 있듯이 2022년 서울 시내버스 전체 운송비용은 1조 9,635.2억 원이었다. 요금수입 등 수입은 1조 616.7억 원(54.1%), 광고 및 기타 수입 510.6억 원(2.6%)[7] 등 총 1조 1,127.3억 원이어서, 전체 운송비용 1조 9,635.2억 원에 맞춰 산출한 '필요 재정지원금'은 8,507.9억 원(43.3%) 규모였다. 2022년 1년 동안 서울 시내버스의 정상적인 운영을 위해서 투입돼야 할 세금이 8,507.9억 원이라는 것이다.[8]

---

[7] 광고 및 기타 수입은 광고수입 422억 원(2.1), 기타 수입 88.6억 원(0.5%)을 합하여 산출한 것이다.

[8] 이 가운데 실제로 투입된 서울특별시의 재정지원금은 8,114억 원이었고, 예산 편성액이 부족해서 다 메꿔주지 못하는 차액은 서울특별시버스운송사업조합이 금융기관에서 융자받아 지급하고 나중에 서울특별시가 예산을 편성하여 이를 상환해 주는 방식으로 운영된다. 이자까지 정산해 주는 방식이므로 재정지원금 통계는 실지급액이 아닌 '필요 재정지원금'을 사용하면 된다.

〈표 11〉 서울 시내버스 운송비용 추이　단위(억 원, %)

연도	요금수입	광고 및 기타 수입	필요 재정지원금	합계
2016	12,910.9	374	2,156.1	15,441.0
2017	12,682.5	384.6	2,438.3	15,505.4
2018	12,336.0	795.5	2,671.2	15,802.7
2019	12,321.6	603.8	3,572.9	16,498.3
2020	9,564.0	531.3	6,775.9	16,871.2
2021	9,502.3	534	7,475.8	17,512.1
2022	10,616.7	510.6	8,507.9	19,635.2
2023	12,260.9	609.1	7,270.0	20,140.0

출처: 서울특별시버스운송사업조합 자료

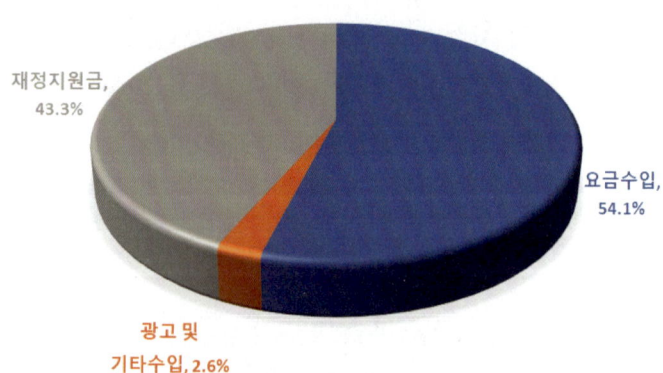

〈그림 23〉 2022년 서울 시내버스 운송비용 구성비

코로나 팬데믹의 영향이 본격적으로 나타나기 시작한 2020년 이후 서울 시내버스의 요금수입은 9,500여억 원으로 크게 줄었다. 2022년 이후 승객수가 늘면서 요금수입이 증가하는 추세를 보여주고 있다. 2023년에는 요금인상까지 이루어지면서 요금수입이 거의 2019년 수준까지 회복되고 있음을 확인할 수 있다.

운송비용 대비 요금수입의 비율은 점점 낮아지기는 했지만, 팬데믹 이전에는 75% 수준을 유지하다가 2022년에는 54.1%까지 떨어졌다.

팬데믹 기간에도 버스 서비스를 안정적으로 유지해야 했기에 요금수입의 감소는 곧바로 필요 재정지원금의 증가로 이어졌다. 2019년까지 2,000~3,000억 원대를 유지하던 필요 재정지원금은 2020년에는 6,775.9억 원, 2021년에는 7,475.8억 원으로 늘었고, 2022년에는 8,507.9억 원까지 증가했다.

이 통계를 토대로 서울 시내버스의 대당 재정지원금을 산출해 보자. 대당 재정지원금은 〈표 12〉와 같이 버스 대당 0.3~0.5억 원 수준을 유지하다가 본격적인 팬데믹 국면 이후에는 대당 재정지원금이 2020년 0.9억 원, 2021년 1.0억 원, 2022년 1.1억 원까지 치솟았다.

〈표 12〉 서울 시내버스 대당 재정지원금 추이

연도	필요 재정지원금 (억 원)	시내버스 보유 대수(대)	대당 재정지원금 (억 원)
2016	2,156.1	7,421	0.3
2017	2,438.3	7,405	0.3
2018	2,671.2	7,404	0.4
2019	3,572.9	7,399	0.5
2020	6,775.9	7,398	0.9
2021	7,475.8	7,403	1.0
2022	8,507.9	7,399	1.1

출처: 서울특별시버스운송사업조합 자료, 시내버스 대수는 인가 대수 자료임

[2] 런던의 시내버스 운영과 재정지원금

서울과의 비교 연구를 위해 런던 시내버스의 현황을 파악해 보기로 하자. 런던 버스에 관한 분석은 TfL(Transport for London) 등에서 자료를 구해서 파악하면 되는데, 빠지기 쉬운 함정들이 있어서 주의해야 한다. 꼭 고려해야 할 것이 교통 관련 통계가 잉글랜드 전체, 런던, 런던 이외의 잉글랜드로 구분되어 있다는 점이다.9) 나도 최근에 이 함정에 빠져서 실수를 저질렀

---

9) 잉글랜드 이외에 스코틀랜드나 웨일즈 등은 별도의 통계가 있다.

던 적이 있음을 고백한다.[10]

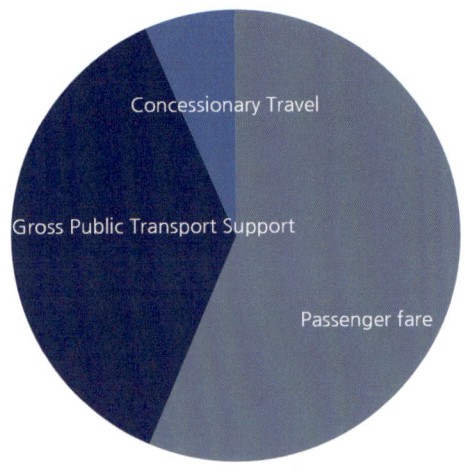

출처: London Data Store

〈그림 24〉 런던 2022/23년 버스 운영수입

잉글랜드 전체 통계는 런던 통계와 런던 이외의 잉글랜드 통계를 합치면 그 값이 일치한다. 영국의 통계는 세계 최고 수준으로 유지 관리되고 있다.

10) 예를 들면 2024년 7월 1일 개최된 '서울 시내버스의 지속가능한 발전방안 정책토론회' 주제발표에서 나는 잉글랜드 버스의 통계를 런던 버스 통계로 잘못 발표하는 실수를 범했다.

〈그림 24〉는 2022/23회계연도[11] 런던 버스의 운영수입(Operating Revenue)을 나타낸 것이다. 운영수입은 가장 큰 비중을 차지하는 요금수입(Passenger Fare이 £m1,212.1(56.4%)였고, 대중교통지원금(Gross Public Transport Support)은 37.1%인 £m797.7, 양허통행환급금(Concessionary Travel Reimbursement)은 6.5%인 £m140.3에 달했다. 재정지원금이 43.6%인 £m938인 셈이다.

대중교통지원금(GPTS)은 버스 운영을 지원하기 위해 만들어진 지방자치단체의 보조금으로, 입찰을 통해 선정된 버스 운영회사에 지급된다. 대중교통의 공공성을 유지하기 위한 기본적인 지원제도이다.

그런데 '양허통행(Concessionary Travel)'은 '이게 뭘까?' 하는 궁금증을 부른다. 양허통행은 그 용어 자체가 약자에 대한 배려가 돋보이는 겸양을 담고 있는 표현이다. 양허(Concession)는 원래 외교 통상 분야에서 사용되는 용어로, 상대국의 요청에 따라 관세를 낮추거나

---

[11] 런던을 포함한 잉글랜드의 회계연도는 매년 4월 1일 시작해서 다음해 3월 31일까지이다. 예를 들어 2022/23회계연도 기간은 2022년 4월 1일부터 2023년 3월 31일까지이다. 이 책에서는 이후 영국의 2022/23회계연도를 2022/23년으로 표기한다.

서비스 무역에 따른 장애를 없애는 것을 말한다. 이렇게 상대를 배려하는 인식을 바탕으로 고령자(현재는 66세 이상)나, 장애인, 학생, 청소년, 어린이, 직업훈련 교육자 등의 교통권을 보장하기 위해 사회적 합의를 전제로 영국 정부는 이들의 요금 전부 또는 일부를 지원한다.12)

〈표 13〉 잉글랜드 버스의 양허통행환급금 구성비

Concessionary fares

Source: Figures provided by TfL

Concession type	LU	Bus	Overall
Child U16 (paid)	2.60%	0.00%	0.90%
Free Child	0.20%	13.90%	9.10%
Student	2.70%	2.80%	2.80%
Jobcentre Plus	0.10%	0.20%	0.20%
16/17	1.00%	4.80%	3.50%
Bus & Tram discount	0.00%	3.20%	2.10%
Freedom Pass	4.30%	13.90%	10.60%
60+ Pass	0.30%	0.70%	0.60%
Total	11.20%	39.50%	29.60%

출처: https://www.gov.uk/13)

---

12) 2021/22년의 전체 양허통행은 잉글랜드 전체 버스 승객 통행의 32.7%(9억 2,800만)를 차지했다. 이 비율은 2019/20년(33.7%)과 비교하면 약간 낮아진 것이다. 코로나 팬데믹의 영향을 받은 것이다. 런던 이외의 잉글랜드에서는 양허통행이 전체 승객 통행의 30.5%로, 런던의 34.7%보다 약간 낮다. 양허통행 지원은 환급금(Reimbursement)의 형태로 이루어진다.

〈표 13〉은 양허통행이 실제로 어떻게 이루어지는지를 상세히 보여준다. 영국 정부는 이들 통행에 대한 환급금을 지급한다. 양허통행환급금은 환승할인이나 지하철 무임승차와 관련한 제도개선에서 우리가 지혜를 얻고 배워야 할 선진적인 시스템이다.

런던 시내버스를 더 객관적으로 이해하기 위해 최근 수년간의 정부 보조금 추이를 살펴보자.

〈표 14〉와 같이 2016/17년부터 2019/20년에 런던 시내버스의 요금수입은 £m1,200 내외 수준을 유지하면서 운영수입의 57.5~64.1%를 차지했으나, 코로나 팬데믹 시기인 2020/21년에는 £m476.4까지 급락했고(운영수입의 21.5%), 2021/22년에는 £m917.7을 기록했다(운영수입의 42.9%). 2022/23년에는 £m1,200를 기록해서 운영수입의 56.4%를 차지했다. 상당히 빠른 회복 추세를 보여준다. 요금수입이 급격하게 줄어든 시기에는 대중교통지원금이 폭발적으로 증가했음을 알 수 있다.

---

13) 다음 링크에서 양허통행에 관한 상세 통계를 구할 수 있다.
https://www.gov.uk/government/statistics/concessionary-travel-statistics-year-ending-march-2022/concessionary-travel-statistics-england-year-ending-march-2022

〈표 14〉 런던 시내버스 운영수입 및 구성비 단위(£m, %)

회계연도	요금수입	대중교통 지원금	양허통행 환급금	합계
2016/17	1,226.0	659.1	235.0	2120.1
	57.8	31.1	11.1	100
2017/18	1,219.3	683.0	218.4	2120.6
	57.5	32.2	10.3	100
2018/19	1,224.1	582.1	217.5	2023.7
	60.5	28.8	10.7	100
2019/20	1,191.3	441.3	225.9	1858.4
	64.1	23.7	12.2	100
2020/21	476.4	1,511.7	222.9	2211.0
	21.5	68.4	10.1	100
2021/22	917.7	1,031.6	192.0	2141.3
	42.9	48.2	9.0	100
2022/23	1,212.1	797.7	140.3	2150.1
	56.4	37.1	6.5	100

출처: DfT Public Service Vehicle Survey, DLUHC RO forms, DfT BSOG returns, Transport for London, London Councils

런던 시내버스는 런던 이외의 잉글랜드와 달리 영국 정부가 조성해서 운송사업자에게 지급했던 코로나특별보조금을 받지는 않았는데, 이 특별보조금은 인구 밀도가 낮고 대중교통 이용이 적어 팬데믹의 재정적 영향이 더 심각했던 런던 이외의 지역의 버스 사업자를 지원하는

데 중점을 두었기 때문이다.

〈표 15〉 런던 시내버스 대당 재정지원금 추이[14]

회계연도	총 재정지원금 금액 / 원화 환산치	시내버스 대수 (대)	버스 대당 재정지원금 (억 원)
2016/17	£m894.2 / 1조 4,217억 원	9,186	1.5
2017/18	£m901.3 / 1조 3,069억 원	9,616	1.4
2018/19	£m799.6 / 1조 1,754억 원	9,396	1.3
2019/20	£m667.1 / 1조 7억 원	9,142	1.1
2020/21	£m1,734.7 / 2조 7,408억 원	9,102	3.0
2021/22	£m1,223.6 / 1조 8,965억 원	9,068	2.1
2022/23	£m938.0 / 1조 4,821억 원	8,795	1.7

출처: TfL 제공 자료, 버스 대수는 London Data Store[15]

---

[14] 여기서 1£당 적용 환율은 연평균치인 2023년: 1,620 KRW, 2022년: 1,580 KRW, 2021년: 1,550 KRW, 2020년: 1,580 KRW, 2019년: 1,500 KRW, 2018년: 1,470 KRW, 2017년: 1,450 KRW, 2016년 1,590 KRW을 각각 적용했다.
[15] 코로나 팬데믹 기간 동안 실제 운행된 버스의 수는 매우 제한적이었고, 특히 팬데믹 초기에는 50% 이하로 운영했지만, 분석에는 전체 보유대수를 적용했다.
https://data.london.gov.uk/dataset/public-transport-journeys-type-transport

〈표 15〉는 런던의 시내버스 재정지원금 추이를 정리한 것이다. 여기서 총 재정지원금은 대중교통지원금과 양허통행환급금을 합한 것이다.

　코로나 팬데믹 이전에는 1조 원에서 1조 4,200억 원 규모였던 런던의 시내버스 재정지원금은 팬데믹 시기인 2020/21년에는 2조 7,408억 원까지 늘었다. 2021/22년에도 재정지원금은 1조 8,965억 원에 달했다. 무려 2조 7,408억 원! 서울의 재정지원금 8,500억 원과는 비길 수도 없는 엄청난 규모에 놀라게 된다.

　런던의 시내버스 대당 재정지원금은 1.3~1.5억 원 내외를 유지하다가 2019/20년에 1.1억 원으로 감소했으나, 본격적인 팬데믹 국면을 맞은 2020/21년 버스 대당 재정지원금은 3.0억 원까지 두 배 이상 치솟았다. 뒤이은 2021/22년에도 2.1억 원이었고, 이후에도 빠른 속도로 승객이 늘어나서 재정지원금이 감소했지만, 2022/23년 재정지원금이 대당 1.7억 원으로 팬데믹 이전 수준까지는 승객의 회복이 이루어지지 않음을 알 수 있다.

보론: 잉글랜드 전체 버스의 운영 현황

앞에서 언급한 바와 같이 런던과 런던 이외의 지역은 버스에 대한 정부 지원 시스템에 차이가 있다. 런던 및 영국의 버스 지원제도에 대한 이해를 돕기 위해, 잉글랜드 전체 버스의 운영 현황을 보론으로 살펴보고자 한다. 잉글랜드 버스 통계는 런던 버스와 런던 이외의 잉글랜드 버스 통계를 합친 것이다.

잉글랜드 전체의 버스 운영수입은 기본적으로는 4개의 카테고리로 이루어져 있다. 그것은 승객 요금수입(Passenger Fare), 대중교통지원금(Gross Public Transport Support), 양허통행환급금(Concessionary Travel Reimbursement), 버스서비스운영자보조금(BSOG, Bus Service Operators Grant) 등이다. 요금수입을 제외한 나머지 세 개의 카테고리가 잉글랜드의 버스 서비스에 대한 중앙정부와 지방자치단체의 지원이다. 런던 버스와 달리 버스서비스운영자보조금(BSOG) 제도가 하나 더 있는 것이다. 그런데 여기에다 2020/21년 이후 코로나 팬데

믹이 버스 부문에 미친 영향에 대응하여 만들어진 코로나 특별보조금인 CBSSG와 BRG가 있다.16)

대중교통지원금(GPTS)은 지방자치단체의 보조금으로, 이 보조금 대부분은 입찰을 통해 선정된 버스 운영회사에 지급된다. BSOG는 런던 이외의 잉글랜드 지역에서 버스를 운영하는 운영자에게만 지급되는 보조금으로 연료비의 일부를 지원하며, 버스 운영사가 사용하는 연료의 양에 따라 결정된다.

이 보조금은 버스회사가 추가적인 요금인상 없이 기존의 서비스를 유지하도록 지원하고, 수익성이 없어도 노선을 계속 유지할 수 있도록 지원하는 취지로 마련된 것이다. 양허통행환급금은 교통복지를 실현하기 위한 정부 지원제도로 런던의 시내버스에 대한 설명에서 살펴본 바와 같다.

---

16) 팬데믹 이후 2020년 4월부터 2021년 8월 말까지는 코비드19 버스서비스지원보조금(CBSSG, COVID19 Bus Service Support Grant)을 도입했다. CBSSG는 운영자가 이익이나 손실 없이 팬데믹 이전 수준의 최대 100%까지 서비스 수준을 제공할 수 있도록 보장하는 것을 목표로 했다. 이후 2021년 9월 1일부터 버스회복보조금(Bus Recovery Grant - BRG)을 도입했다. BRG는 CBSSG 종료 후에도 팬데믹 영향으로 지속적인 수익 감소를 겪고 있는 버스 운영자를 지원하기 위해 도입되었다. 이 두 보조금은 코로나특별보조금으로 이해하면 된다.

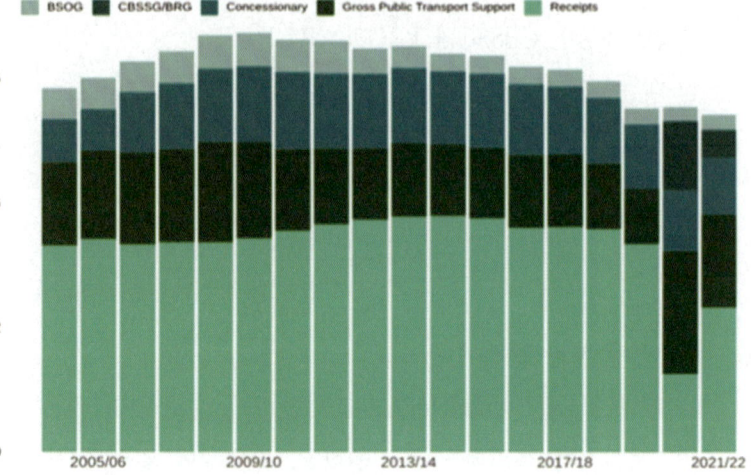

출처: Gov.UK Annual bus statistics: year ending March 2022(revised)
〈그림 25〉 잉글랜드 버스 운영수입 추이

〈그림 25〉에서도 확인할 수 있듯이 잉글랜드 버스의 운영수입은 팬데믹 이전에는 4개의 카테고리로 이루어져 있고, 2020/21년 이후에는 코로나특별보조금이 추가되어 5개의 카테고리로 구성되어 있다. 앞에서 살펴본 런던 버스의 운영수입과는 차이가 있음을 알 수 있다. 그 구체적인 규모는 〈표 16〉과 같다.

〈표 16〉 잉글랜드 버스 운영수입 추이   단위(£m)

연도	요금수입	대중교통 지원금	양허통행 환급금	버스서비스운영자 보조금	코로나 특별보조금	합계
2016/17	3,220	1,044	1,018	252	-	5,533
2017/18	3,288	1,053	997	249	-	5,588
2018/19	3,328	975	980	248	-	5,531
2019/20	3,168	839	989	246	-	5,243
2020/21	1,259	1,975	970	227	1,118	5,549
2021/22	2,317	1,450	830	245	453	5,295
2022/23	3,132	1,273	722	200	153	5,541

* 2022/23년에는 위 5개 항목 이외에 FARE CAP 항목으로 60£m이 있음
출처: https://www.gov.uk/government/statistical-data-sets

〈그림 26〉은 정보공개청구를 통해 TfL에서 받은 자료와 London Data Store에서 확인한 통계 자료를 토대로 2022/23년의 잉글랜드 버스 운영수입 현황을 그래프로 그린 것이다.

여기서도 5개의 카테고리와 내역을 확인할 수 있는데, 2022/23년 잉글랜드 버스의 운영수입은 55.4억 파운드에 달하며, 요금수입(56.5%) - 대중교통지원금(23.0%) -

양허통행환급금(13.0%) - 버스서비스운영자보조금(3.6%) - 코로나특별보조금(2.8%) - 기타(1.1%) 순이다.

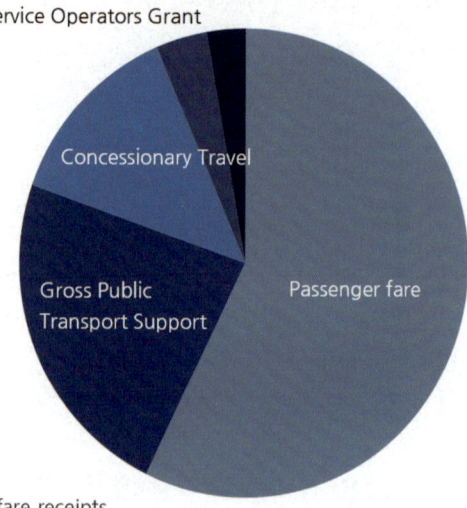

출처: London Data Store

〈그림 26〉 잉글랜드 2022/23년 버스 운영수입

잉글랜드에서는 코로나 팬데믹으로 승객이 급감하여 2020/21년 요금수입이 가장 낮은 수준까지 떨어졌다. 2021/22년에는 이용 승객수가 상당히 회복되어 요금수입이 전년 대비 84.4% 증가했지만, 팬데믹 이전에 비하면 30.6% 낮은 수준에 머물렀다

팬데믹이 버스업계에 가장 심각한 영향을 미쳤던 2020/21년에는 11.2억 파운드 규모의 코로나특별보조금을 지원했고, 이후에도 특별보조금으로 6억 파운드 이상을 지원해 왔다. 특별 예산 편성을 통해 팬데믹의 영향이 두드러지게 나타났던 런던 이외의 지역에서 버스 서비스를 유지할 수 있는 기반을 만든 것이다.

[3] 뉴욕의 시내버스 운영과 재정지원금

뉴욕 시내버스 운영에 관한 연구와 분석은 상당히 어렵다. 공영이고, 대규모 버스 운영회사가 도시철도를 함께 운영하고 있어서 버스 상황을 파악하는 게 쉽지 않다. 하지만 일부 언론에서 "서울 시내버스도 뉴욕처럼 공영화해야 한다."라는 대안을 내놓은 적도 있어서[17] 뉴

---

17) 한겨레신문 2023. 6. 22. 기사, 코앞에 다가온 시내버스 '먹튀'…당국은 여전히 현황 파악 중

욕 버스를 상세히 살펴보지 않을 수 없다. 복잡한 뉴욕 교통만큼이나 뉴욕 버스에 대한 분석은 어렵다. 장황하고 지루한 설명이 이어지더라도 이해해 주시길 바란다.

 뉴욕의 시내버스 운영은 MTA(The Metropolitan Transportation Authority)의 자회사인 MTA New York City Transit와 MTA Bus Company에 의해 이루어진다. 이들 두 시내버스 운영 주체의 특성을 비교하면 다음 〈표 17〉과 같다.

 MTA NYCT는 뉴욕의 버스와 도시철도 등 대중교통을 통합해서 운영 및 유지관리하는 회사인데 비해, MTA Bus Company는 버스만 운영한다.[18) 두 회사의 규모는 커다란 차이가 난다. 버스만 운영하는 MTA Bus Company를 분석해서 서울과 비교해도 큰 문제는 없을 것이다. 하지만 운영하는 버스 대수가 훨씬 많은 NYCT를 분석에서 배제하면 객관성에 의문을 제기할 수 있다.

---

18) MTA Bus Company는 마이클 블룸버그 시장 시절인 2004년 9월 뉴욕시와 MTA 간의 협정에 따라 7개의 민간 버스회사의 운영을 통합하기 위해 설립되었다. 퀸즈(Queens) 주민들이 주로 이용하는 여러 민간 버스회사의 자산을 인수하는 협상을 진행하여 공영화했다. 민간 버스 운영회사들의 서비스 품질과 효율성을 높이기 위한 것이었는데, 협정에 따라 뉴욕시는 MTA Bus Company가 운행하는 버스 운영비용을 전액 보상한다.

그래서 어려움이 있다고 하더라도 두 회사를 모두 분석하려고 한다.

〈표 17〉 2022년 뉴욕 버스 운영회사 비교

구분	MTA New York City Transit*	MTA Bus Company
보유대수	버스 5,800대 철도차량 5,454량	버스 1,310대
직원수	49,532명	3,915명
운영비용	$9,079,266,250 (철도 $5,349,756,161)	$792,516,861
요금수입	$2,953,133,375 (철도 $2,326,782,567)	$163,430,063
자본 투자	$3,198,206,201 (철도 $2,685,260,055)	$115,808,184
연간 통행 수	2,274,142,359 (철도 1,788,363,060)	100,411,771
Annual Passenger Miles Traveled	8,319,103,987 (철도 7,055,402,031)	289,073,775
통행 당 운영비용	$3.99 (철도 $2.99)	$7.89
PMT 당 운영비용	$1.09 (철도 $0.76)	$2.74

*MTA New York City Transit 통계는 수요응답형 버스를 포함한 것임.
- 버스 대수 및 직원수는 두 회사의 홈페이지상 수치임
출처: 2022 Annual Agency Profile, U.S. DOT, NTD

출처: https://new.mta.info/about
〈그림 27〉 MTA New York City Transit 버스

미국 교통부 자료실에서 구할 수 있는 2022 Annual Agency Profile을 활용해서 MTA New York City Transit(NYCT)와 MTA Bus Company의 운영비용과 요금수입 등 운영 상황 전반을 살펴보고자 한다. 참고로 MTA New York City Transit은 버스를 Bus Rapid Transit, Bus, Commuter Bus(통근버스), Demand Response(수요응답형) 등 4개 사업 단위로 구분해서 관리한다.

<표 18> 2022년 MTA NYCT 운영비용 및 요금수입

구분	운영비용	요금수입	운영비용 대비 요금수입 비율(%)	통행당 운영비용
Heavy Rail	$5,349,756,161	$2,326,782,567	43.5	$2.99
Bus Rapid Transit	$104,396,745	$19,891,924	19.1	$6.27
Bus	$2,897,009,660	$552,000,888	19.1	$6.32
Commuter Bus	$260,991,861	$49,729,810	19.1	$32.44
Demand Response	$467,111,823	$4,728,186	1.0	$188.00
버스 합계	$3,729,510,089	$626,350,808	16.8	

출처: 2022 Annual Agency Profile - MTA New York City Transit(NTD ID 20008)

<표 18>을 통해 운영비용과 요금수입의 상황을 살펴보자. 2022년 뉴욕 도시철도는 운영비용 대비 요금수입 비율이 버스에 비해서는 높은 편으로 43.5%이다.

MTA New York City Transit이 운영하는 3개 사업단위의 시내버스는 운영비용 대비 요금수입의 비율이 모두 19.1% 수준이다.

여기서 눈에 띄는 것이 하나 있다. 최근 서울시가 도입을 추진하고 있는 수요응답형(Demand Response)다.

MTA New York City Transit의 수요응답형 버스 사업 단위 데이터를 확인해 보면 운영비용 대비 요금수입의 비율이 1.0%밖에 되지 않는다.19) 이 수요응답형 버스까지 합하여 계산하면 시내버스 전체적으로는 운영비용 대비 요금수입 비율은 16.8% 수준까지 내려간다.

코로나 팬데믹 이전 상황을 확인하기 위해 2019년 통계를 살펴보면 〈표 19〉와 같이 뉴욕 도시철도는 운영비용 대비 요금수입 비율이 70.0%인데 비해서, MTA New York City Transit이 운영하는 3개 사업 단위의 시내버스는 모두 31.5% 수준이고, 수요응답형 버스는 그 비율이 1.9%밖에 되지 않는다. 버스를 모두 합하면 운영비용 대비 요금수입 비율은 27.2% 수준까지 낮아진다. 2019년과 2022년 데이터 비교를 통해 코로나 팬데믹 시기에 들어서면서 일반 시내버스의 운영비용 대비 요금수입 비율이 31.5%에서 19.1%까지 현저하게 낮아졌음을 확인할 수 있다.

---

19) 일각에서 서울 시내버스의 발전 대안으로 '수요응답형 버스 도입'을 주장하는데, 교통복지 측면에서 도입을 고려할 수는 있겠지만 뉴욕의 수요응답형 버스는 2022년의 통행 당 운영비용이 $188(평균환율 적용 시 242,708원), 2019년의 통행 당 운영비용이 $106.96(평균환율 적용 시 124,715원)에 달할 정도로 상당한 고비용으로 운영되고 있음을 고려해야 할 것이다.

〈표 19〉 2019년 MTA NYCT 운영비용 및 요금수입

구분	운영비용	요금수입	운영비용 대비 요금수입 비율(%)	통행당 운영비용
Heavy Rail	$5,206,727,193	$3,643,213,720	70.0	$1.92
Bus Rapid Transit	$103,071,355	$32,469,300	31.5	$3.36
Bus	$2,685,918,268	$846,111,742	31.5	$3.88
Commuter Bus	$242,520,835	$76,398,352	31.5	$21.13
Demand Response	$516,470,491	$9,781,667	1.9	$106.96
버스 합계	$3,547,980,949	$964,761,061	27.2	

출처: 2019 Annual Agency Profile - MTA New York City Transit(NTD ID 20008)

비교 연구는 관점이 중요하다. 관점은 선택이고, 그 선택에 따라 객관성의 수준이 달라질 수 있다. 뉴욕의 버스 관련 자료를 분석하면서 서울 버스와의 비교를 위한 것인데 어떤 데이터를 선택하는 것이 바람직할까를 깊이 고민했다.

예를 들면 버스 전체를 비교하는 것이 맞을까? 아니면 수요응답형 버스는 제외하는 게 옳은 것일까? 결론은 수요응답형 버스를 빼기로 했다. 그것이 더 공정한 비교라

고 판단했기 때문이다. 앞에서 2019년과 2022년 통계를 살펴보니 MTA New York City Transit의 3개 버스 사업 단위는 운영비용 대비 요금수입 비율이 동일하다. 그렇다면, 이 3개의 사업 단위 가운데 압도적인 비중을 차지하는 'Bus'만을 분석해도 MTA New York City Transit 연구에 지장이 없겠다고 판단한 것이다.

〈표 20〉은 2016년부터 2022년까지의 MTA New York City Transit의 운영비용과 요금수입을 정리한 것이다.[20] 코로나 팬데믹 이전 시기에는 운영비용 대비 요금수입 비율이 30.9~34.1% 수준이었고, 통행당 운영비용은 $3.65~3.88 수준이었음을 알 수 있다.

팬데믹 이후 요금수입이 급감하면서 운영비용 대비 요금수입 비율은 13.8%까지 낮아졌다가 2022년에는 19.1%까지 회복되었고, 통행당 운영비용은 2020년 $6.47, 2021년 $7.00까지 높아졌다가 2022년부터 낮아지고 있다.

---

[20] 도시철도나 수요응답형 버스 관련 자료, 버스 전체 데이터는 미국 교통부(U.S. DOT) National Transit Database에서 Annual Agency Profile 데이터를 보기 바란다.

〈표 20〉 MTA NYCT '버스' 운영비용 및 요금수입 추이

구분	운영비용	요금수입	운영비용 대비 요금수입 비율(%)	통행당 운영비용
2016	$2,779,372,331	$860,046,215	30.9	$3.74
2017	$2,520,243,905	$859,309,666	34.1	$3.65
2018	$2,563,162,504	$842,210,348	32.9	$3.70
2019	$2,685,918,268	$846,111,742	31.5	$3.88
2020	$2,607,674,237	$361,154,071	13.8	$6.47
2021	$2,752,149,757	$508,641,029	18.5	$7.00
2022	$2,897,009,660	$552,000,888	19.1	$6.32

* 4개의 버스 사업 단위 가운데 'bus'만을 정리한 데이터임
출처: U.S. DOT, NTD

지금까지 MTA New York City Transit의 버스 운영 상황을 분석했다. 이제 MTA Bus Company를 살펴보자. 미국에서 11번째 규모로 큰 대중교통 운영회사로 1,300여 대에 달하는 버스만 운영 중인 MTA Bus Company의 데이터는 비교적 단순하다. 〈표 21〉은 2016년부터 2022년까지의 MTA Bus Company의 운영비용과 요금수입을 정리한 것이다.

<표 21> MTA Bus Company 운영비용 및 요금수입 추이

구분	운영비용	요금수입	운영비용 대비 요금수입 비율(%)	통행당 운영비용
2016	$688,525,372	$212,483,271	30.9	$5.48
2017	$812,671,178	$217,164,460	26.7	$6.65
2018	$736,516,216	$220,887,114	30.0	$5.35
2019	$854,176,837	$224,811,595	26.3	$6.32
2020	$712,036,903	$95,403,036	13.4	$9.81
2021	$762,267,099	$140,163,935	18.4	$9.26
2022	$792,516,861	$163,430,063	20.6	$7.89

출처: U.S. DOT, NTD

팬데믹 이전 시기의 MTA Bus Company가 운영하는 버스는 운영비용 대비 요금수입 비율이 26.3~30.9% 수준이었고, 통행당 운영비용은 $5.35~6.65 수준으로 MTA New York City Transit에 비해 요금수입은 낮고, 운영비용은 높았다. 팬데믹 이후 요금수입이 급감하면서 운영비용 대비 요금수입 비율은 13.4%까지 낮아졌다가 2022년에는 20.6%까지 회복되었고, 통행당 운영비용은 2020년 $9.81, 2021년 $9.26까지 높아졌다가 2022년부터 낮아지고 있다.

운영비용에서 요금수입과 기타 수입을 제외한 모든 수입은 사실상 재정지원금이라고 볼 수 있다. 뉴욕 버스의 재정지원금은 뉴욕시·뉴욕주·미 연방정부 보조금 등 3개로 구성되어 있다. 뉴욕 버스에는 운영 기금 외에도 자본투자 기금(Capital Funds)이 별도로 지급된다.[21]

뉴욕 시내버스에 대한 운영비용에 대한 재정지원금을 보다 정확히 파악하기 위해 정보공개를 청구하는 등 다양한 노력을 기울였으나 한계에 부딪혔다. MTA Bus Company의 자료는 쉽게 구할 수 있어서 먼저 분석해 보았다.

〈표 22〉에서 확인할 수 있듯이 MTA Bus Company의 버스 운영은 코로나 팬데믹 이전에는 운영비용 중 요금수입은 26.8~29.0% 수준이었고, 뉴욕시 보조금이 69.4~73.2%에 달했다. 2020년 요금수입이 줄고, 뉴욕시 보조금이 88.2%까지 치솟는 위기를 맞아 연방정부는

---

[21] 자본투자 기금(Capital Funds)의 대부분은 뉴욕시 출자, 뉴욕주 출자, 미 연방정부 출자로 구성되며, 사실상의 보조금이다. 자본투자는 차량 구입(Revenue Vehicles), 시스템 및 가이드웨이(Systems and Guideway), 편의시설 및 정류장(Facilities and Stations) 구축에 사용된다. 2022년 버스 관련 자본 지출 규모는 MTA New York City Transit $512,946,146, MTA Bus Company $115,808,184에 달한다. 이 책에서는 자본투자 부분은 다루지 않았다.

2021년 33.0%, 2022년 42.1% 규모의 코로나특별보조금을 지원했다.

〈표 22〉 MTA Bus Company 운영 기금 구성 단위($, %)

구분	요금수입 등 자체 조달	뉴욕시 보조금 (Local Subsidy)	연방정부 보조금 (Federal Subsidy)	합계
2016	210,891,907	497,197,135		716,005,150
	29.5	69.4		100
2017	211,725,970	498,897,330		716,314,278
	29.6	69.6		100
2018	220,440,040	564,678,675		785,118,715
	28.1	71.9		100
2019	222,645,955	607,107,470		829,753,425
	26.8	73.2		100
2020	96,675,675	725,634,466		822,310,141
	11.8	88.2		100
2021	145,112,262	482,096,092	308,540,000	935,748,354
	15.5	51.5	33.0	100
2022	161,882,372	591,602,830	547,423,976	1,300,909,178
	12.4	45.5	42.1	100

* MTA Bus Company는 뉴욕주 보조금(State Subsidy)은 없음
* 2016년과 2017년에는 기타 수입이 각각 $7,916,108(1.1%), $5,690,978(0.8%) 있었음
출처: U.S. DOT, NTD

〈표 23〉과 같이 MTA Bus Company의 버스 대당 재정지원금은 코로나 팬데믹 이전에는 4.3~5.4억 원 수준이었으나 2022년에는 최대 11.2억 원까지 늘었다. 시내버스 운영에 팬데믹 전후를 막론하고 서울의 10배 이상에 달하는 재정지원금이 투입되고 있음을 알 수 있다.

〈표 23〉 MTA Bus Company 버스 대당 재정지원금[22]

연도	재정지원금 총액	버스 대당 지원금($)	버스 대당 재정지원금(억 원)
2016	$497,197,135	$379,540	4.4
2017	$498,897,330	$380,838	4.3
2018	$564,678,675	$431,052	4.7
2019	$607,107,470	$463,441	5.4
2020	$725,634,466	$553,919	6.5
2021	$790,636,092	$603,539	6.9
2022	$1,139,026,806	$869,486	11.2

출처: U.S. DOT, NTD

---

[22] 버스 대수는 모두 1,310대를 적용했다. 환율은 매년 평균치인 2016년 1,160 KRW, 2017년 1,131 KRW, 2018년 1,101 KRW, 2019년 1,166 KRW, 2020년 1,180 KRW, 2021년 1,144 KRW, 2022년 1,291 KRW per USD를 적용했다. 〈표 24〉〉〈표 25〉, 〈표 26〉에서도 동일한 환율을 적용했다.

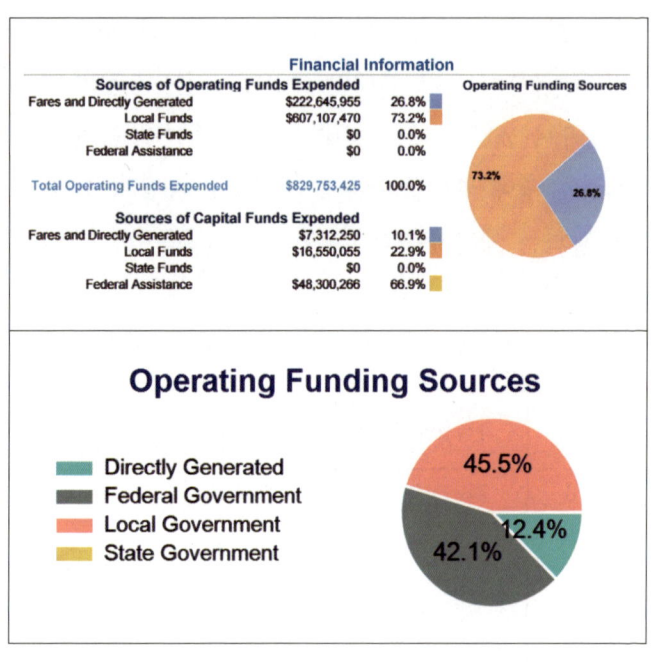

출처: U.S. DOT, NTD

〈그림 28〉 MTA Bus Company 운영 펀드 구성 현황
(2019년, 2022년)

긴 설명으로도 채워지지 못한 부분들이 있는데 이것은 구할 수 있는 통계의 한계로 인한 것이다. 특히 MTA New York City Transit 보조금 데이터에는 도시철도와 버스 보조금이 합쳐져 있어서 버스 재정지원 분석에 어

려움이 컸다.

역량의 부족을 절감하고 포기하려던 상황에서 2024년 6월 발표된 보고서(Public Transportation Subsidies and Racial Equity)의 부록에서 내가 구하고자 하는 일부 데이터가 있음을 발견했다.[23] 깊이 감사하는 마음으로 그 일부인 <그림 29>, <그림 30>, <그림 31> 3개의 그림을 이 자료에서 그대로 인용했다.

<그림 29>는 앞에서 분석한 데이터와 동일한 내용으로 운영비용 대비 요금수입이 어떻게 변화했는지를 보여준다. MTA New York City Transit의 버스는 운영비용 대비 요금수입이 2019년 32%에서 2022년 19%로 바뀌었다. MTA Bus Company 버스는 운영비용 대비 요금수입이 2019년 26%에서 2022년 21%로 바뀌었다.[24]

---

[23] Public Transportation Subsidies and Racial Equity: A Case Study of the NYC Ferry and Fair Fares, BY PRISCA AGOMBE AND GEORGE SWEETING, CENTER FOR NEW YORK CITY AFFAIRS, June 2024. 이 논문 저자 중의 한 사람이 뉴욕시 공무원이어서 재정지원과 관련한 상세 내용을 파악할 수 있었을 것으로 추정된다.
[24] 이 책에서 분석한 자료와 이 도표들 사이에 미세한 수치의 차이가 나타나는 것은 반올림 등으로 인한 것이다.

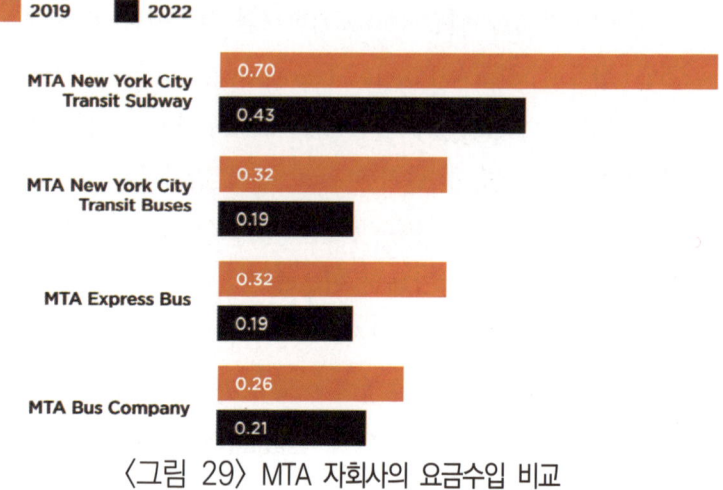

〈그림 29〉 MTA 자회사의 요금수입 비교

〈그림 30〉은 나에게 너무나 귀한 자료다. 통행당 공적 보조금이 증가했다는 내용의 통계인데, 구체적인 수치로 분명하게 제시되고 있어서 이 책에서 비교분석하고자 하는 서울, 런던, 뉴욕의 통행당 재정지원금 비교에 그대로 활용할 수 있기 때문이다. 이 책의 뒷부분에서 그렇게 활용할 것이다.

MTA New York City Transit의 버스는 통행당 공적 보조금(Public Subsidy)이 2019년 $2.18에서 2022년

$4.37로 증가했다. MTA Bus Company 버스는 통행당 공적 보조금이 2019년 $4.49에서 2022년 $11.34로 바뀌었다.

〈그림 30〉 MTA 자회사의 통행당 공적 보조금 비교

〈그림 31〉은 2022년의 요금수입, 공적 보조금(시, 주, 연방), 운영비용, 통행수 등의 주요 데이터를 제시한 것이다. 특히 MTA New York City Transit의 공적 보조금 데이터가 있어 흥미롭다. 2022년 데이터만 있어서 안타깝고 한계가 있지만 참고하시도록 그대로 인용한다.

Revenue, Subsidies, Operating Expenses, Trips in 2022
$ in millions, trips in thousands

AGENCY	FARE AND DIRECT REVENUE	LOCAL SUBSIDY	STATE SUBSIDY	FEDERAL SUBSIDY	OPERATING EXPENSE	UNLINKED TRIPS
MTA New York City Transit Subway	$2,976.5	$136.0	$552.5	$3,012.8	$5,349.8	1788
MTA New York City Transit Buses	$731.6	$76.3	$310.0	$1,690.3	$3,001.4	475
MTA Express Bus	$63.6	$6.6	$27.0	$147.0	$261.0	8
MTA Bus Company	$174.0	$591.6	$0.0	$547.4	$792.5	100

〈그림 31〉 MTA 자회사의 통행당 공적 보조금 비교

뉴욕 MTA New York City Transit의 버스 부분 재정지원금은 구할 수 있는 자료의 한계로 인해 〈표 24〉에서 2016~2021년 통계에서 이탤릭 글씨로 나타낸 것은 모두 추정치다.

MTA 운영 전반이나 시내버스 운영 상황 등 버스 관련 자료를 검토해 추정 계산식을 다음과 같이 도출해서 이를 적용한 것이다.

재정지원금 총액 = (운영비용 − 요금수입)×0.87

이 추정식에 사용한 계수(0.87)는 재정지원금이 과대계상되는 것을 회피하기 위해 조금 낮게 잡은 것이다.

〈표 24〉 MTA NYCT 버스 대당 재정지원금

연도	재정지원금 총액 (in Million $)	버스 대당 지원금($)	버스 대당 재정지원금 (억 원)
2016	*1,669.8*	*$287,899*	*3.3*
2017	*1,445.0*	*$249,140*	*2.8*
2018	*1,497.2*	*$258,143*	*2.8*
2019	*1,600.6*	*$275,971*	*3.2*
2020	*1,954.5*	*$336,978*	*4.0*
2021	*1,951.9*	*$336,526*	*3.8*
2022	2,076.6	$358,034	4.6

* 버스 대수는 5,800대를 적용함
* 이탤릭체로 나타낸 2016~2021년 통계는 연구자의 추정치임. 2022년 재정지원금 총액 통계는 Public Transportation Subsidies and Racial Equity: A Case Study of the NYC Ferry and Fair Fares(2024. 06)를 토대로 산출함.

2022년 데이터는 〈그림 31〉의 통계를 활용해서 대당 재정지원금을 산출하였다. 25)

MTA NYCT 버스 대당 연평균 재정지원금은 팬데믹 이전에는 $250,000~$300,000(2.8~3.3억 원) 정도였던 것으로 보이며, 팬데믹 이후에는 증가하여 3.8~4억 원으로 추정된다. Public Transportation Subsidies and Racial Equity의 자료를 활용해서 산출한 2022년 버스 대당 재정지원금은 $358,034이며, 원화로는 4.6억 원이다.

---

25) 이 책의 초판에서 '추정 계산식을 활용해서 도출한 수치들은 향후 MTA에서 자료를 구하는 대로 수정·보완할 것을 약속드린다.'라고 했으나 이 개정판을 인쇄하는 시점까지도 MTA에서 자료를 보내주지 않았다. 도시철도와 버스를 통합 운영하는 기관에 버스 자료만을 구분해서 달라고 요구한 것이 수용되지 않은 것이다. 아쉽지만 2022년을 제외하고는 부득이하게 추정치를 활용할 수밖에 없음을 이해해 주기 바란다.

보론: MTA 전체의 운영현황

MTA는 뉴욕의 도시철도와 버스를 운영하는 회사로 미국에서 가장 큰 규모를 가진 대중교통 운영사다. 앞에서는 버스를 중심으로 분석했지만, MTA 전체의 현황을 파악하는 것도 버스 이해에 도움이 될 것으로 판단돼 MTA 전체를 살펴보고자 한다.

2022년 MTA의 총수입은 193억 7,900만 달러 규모이며, 그중 37.3%로 가장 큰 비중을 차지하는 72억 2,200만 달러는 MTA가 서비스를 제공하는 도시와 주(州, states)로부터 받는 대중교통 전용 세금(dedicated taxes) 및 보조금이다. MTA가 2020년과 2021년에 받은 연방정부의 코로나 팬데믹 관련 지원금은 총 28억 7,700만 달러에 달한다.

MTA가 운영하는 7개의 다리와 2개의 터널 통행료(Tolls)는 승용차 등 개인 교통수단 이용자들이 부담하는 통행료 수입으로 이 12%도 사실상 세금과 마찬가지다. 즉 시내버스 등 대중교통 이용객들이 부담하는 요금수입

(Fares)은 23%에 불과하다. 시내버스와 도시철도 요금수입과 터널 및 다리 통행료 수입을 합치면 68억 7,000만 달러에 달하는데 이것은 총수입의 35.4%에 해당한다.

연방정부의 코로나특별보조금이 15%를 차지하며, 기타 수입은 10%에 달한다.26) 대중교통 전체로 볼 때 요금수입 23%와 기타 수입 10%를 제외하면 67%가 사실상 대중교통 재정지원금이라고 볼 수 있다.

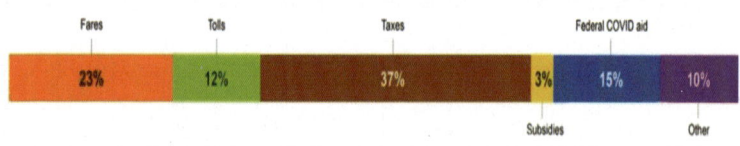

출처: MTA Operating Budget Basics
〈그림 32〉 2022년 뉴욕 MTA의 총수입27)

---

26) MTA Operating Budget Basics
https://new.mta.info/budget/MTA-operating-budget-basics
27) 〈그림 32〉에 나와 있는 뉴욕 MTA의 총수입은 요금수입(Fares) 23%, 통행료(Tolls) 12%, 세금(Taxes) 37%, 보조금(Subsides) 3%, 연방정부 코로나지원금(Federal COVID aid) 15%, 기타(Other) 10%이다.

[4] 서울, 런던, 뉴욕의 재정지원금 비교

이제 글로벌 도시들의 시내버스 재정지원금에 대한 비교분석을 마무리하고자 한다. 여러 가지 방법이 있겠지만 글로벌 도시들 모두가 공적 보조금(재정지원금)이 지급되고 있으므로 전체 운송비용(혹은 운영비용, 총수입) 대비 요금수입의 비율, 승객 통행당 재정지원금 규모, 버스 대당 재정지원금 규모 등 3개 항목의 비교를 통해 서울, 런던, 뉴욕의 시내버스를 살펴보고자 한다.

(1) 운송비용(혹은 총수입) 대비 요금수입의 비율

운송비용 대비 요금수입의 비율이 높다면 그만큼 재정지원금의 비율이 낮을 가능성이 커질 것이다. 이런 맥락에서 글로벌 도시들의 시내버스 전체 운송비용 대비 요금수입의 비율을 비교해 보았다.

〈표 25〉에서 확인할 수 있듯이 시내버스 운송비용 대비 요금수입의 비율은 거의 모든 시기에 서울이 가장 높았다. 2022년 서울보다 2022/23년 런던의 비율이 높은 게 유일한 예외다. 이용 승객의 회복 속도 차이로 발생한 것으로 보인다.

<표 25> 운송비용 대비 요금수입 비율 비교　　단위(%)

연도	서울	런던	뉴욕	
			MTA NYCT*	MTA Bus Company
2016	83.6	57.8	30.9	30.9
2017	81.8	57.5	34.1	26.7
2018	78.1	60.5	32.9	30.0
2019	74.7	64.1	31.5	26.3
2020	56.7	21.5	13.8	13.4
2021	54.3	42.9	18.5	18.4
2022	54.1	56.4	19.1	20.6

* MTA NYCT 데이터는 4개의 버스 사업 단위 가운데 'bus'만을 분석한 데이터임
* 런던은 2016/17년을 2016으로 표기한 것임.

이 항목은 팬데믹 이전인 2019년 통계를 비교하는 것이 가장 적절하다고 본다. 서울 74.7%, 런던 64.1%, 뉴욕 26.3~31.5%로 서울시민들이 버스 이용에 따른 비용 부담이 크고, 정부의 재정지원금 비중은 작다는 것을 의미한다.

(2) 통행당 운영비용 및 통행 당 재정지원금

통행당 운영비용은 미국에서 대중교통의 서비스 효율

성(Service Effectiveness)을 측정하는 유용한 지표로 활용된다. 서울, 런던, 뉴욕 시내버스의 통행당 운영비용을 비교해 보자.

〈표 26〉에 정리된 대로 코로나 팬데믹 이전인 2019년 기준 통행당 운영비용은 서울 1,115원, 런던 1,333원, 뉴욕 MTA NYCT 4,524원 MTA Bus Company 7,369원이다. 통행당 운영비용은 서울이 가장 낮고, 서비스 효율성이 높다는 것을 알 수 있다.

〈표 26〉 통행당 운영비용 비교   단위(원)

연도	서울	런던		뉴욕			
				MTA NYCT*		MTA Bus Company	
2016	986	£0.95	1,505	$3.74	4,338	$5.48	6,357
2017	1,011	£0.95	1,382	$3.65	4,128	$6.65	7,521
2018	1,063	£0.92	1,354	$3.70	4,074	$5.35	5,890
2019	1,115	£0.89	1,333	$3.88	4,524	$6.32	7,369
2020	1,487	£2.58	4,080	$6.47	7,635	$9.81	11,576
2021	1,537	£1.45	2,248	$7.00	8,008	$9.26	10,593
2022	1,555	£1.22	1,924	$6.32	8,159	$7.89	10,186

* 4개의 버스 사업 단위 가운데 'bus'만을 분석한 데이터임.
* 런던은 2016/17년을 2016으로 표기함.

다음으로 서울과 글로벌 도시들의 통행당 재정지원금을 살펴보자. 〈표 27〉의 뉴욕 데이터는 다른 연구보고서의 부록에서 그대로 가져온 것이다.

〈표 27〉 통행당 재정지원금 비교 단위(원)

연도	서울	런던		뉴욕*			
				MTA NYCT		MTA Bus Company	
2019	242	£0.32	480	$2.18	2,542	$4.49	5,235
2022	672	£0.53	837	$4.37	5,642	$11.34	14,640

* 뉴욕 데이터는 Public Transportation Subsidies and Racial Equity(2024. 06)를 인용한 것임
* 런던은 2019/20년을 2019로 표기함.
* 1£ 환율은 2019년 1,500원, 2022년 1,580원을 적용함.
* 1$ 환율은 2019년 1,166원, 2022년 1,291원을 적용함.

2019년 서울의 시내버스 재정지원금은 3572.9억 원, 통행 수는 14.79억 명이었고, 2022년 서울의 시내버스 재정지원금은 8,507.9억 원, 통행 수는 12.62억 명이었다. 여기서 도출된 서울의 통행당 재정지원금은 2019년 242원, 2022년 672원이다.

2019년 런던의 시내버스 보조금은 £m667.1, 통행 수

는 2,091 백만이었고, 2022년 런던의 시내버스 보조금은 £m938.0, 통행 수는 1,766 백만이었다. 여기서 도출된 런던의 통행당 재정지원금은 2019년 479원, 2022년 839원이다. 통행당 시내버스 재정지원금은 서울이 가장 낮은 수준이다.

(3) 시내버스 대당 재정지원금

또 하나 확인해야 할 중요한 항목은 시내버스 대당 재정지원금 규모다. 재정지원금의 비율도 중요한 의미가 있겠지만, 비율이 낮더라도 재정지원금 규모가 크다면 그 해석은 달라질 수 있다.

〈표 28〉은 서울의 시내버스 대당 재정지원금이 뉴욕이나 런던의 재정지원금에 비해 훨씬 적다는 것을 보여준다.

코로나 팬데믹 시기는 물론이고 이전에도 뉴욕은 비교 자체가 어려울 정도로 재정지원금이 많았고, 런던의 재정지원금도 서울보다 2~5배 이상 많았음을 확인할 수 있다. 상대적으로 서울의 재정지원금이 그만큼 적었음을 알 수 있다.

〈표 28〉 시내버스 대당 재정지원금   단위(억 원)

연도	서울	런던	뉴욕	
			MTA NYCT*	MTA Bus Company
2016	0.3	1.5	*3.3*	4.4
2017	0.3	1.4	*2.8*	4.3
2018	0.4	1.3	*2.8*	4.7
2019	0.5	1.1	*3.2*	5.4
2020	0.9	3.0	*4.0*	6.5
2021	1.0	2.1	*3.8*	6.9
2022	1.1	1.7	4.6	11.2

* 이탤릭체로 표기한 2016~2021년 MTA NYCT 통계치는 추정치임.

* 런던은 2016/17년을 2016으로 표기함.

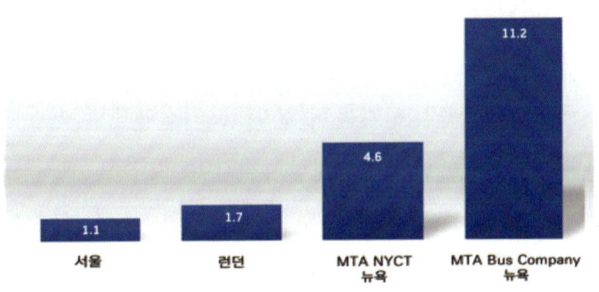

(단위: 억 원)

〈그림 33〉 2022년 시내버스 대당 재정지원금

소득수준을 거론하며 서울과 뉴욕, 런던의 시내버스 재정지원금 규모를 직접 비교하는 건 무리가 있다는 주장도 일견 타당성이 있다.

하지만 그 근거가 얼마나 빈약한가를 〈그림 34〉에서 확인하시길 바란다. 서울의 GDP는 글로벌 도시들 내에서 뉴욕 아래 4위로, 런던보다 높은 곳에 있다.

- Tokyo, Japan
- New York, New York, United States
- Los Angeles, California, United States
- Seoul, South Korea
- London, England
- Paris, France
- Osaka, Japan
- Chicago, Illinois, United States
- Moscow Russia
- Shanghai, China

출처: Richest City in the World 2024, https://worldpopulationreview.com/
〈그림 34〉 세계의 GDP 상위 10개 도시

세계은행 데이터를 확인해 보면 2023년 기준 1인당 GDP를 비교하면 미국 $81,695.2, 영국 $48,866.6, 대한민국 $33,121.4이다.[28] 미국에 비하면 대한민국의 소득수준이 크게 낮지만, 영국과는 아주 큰 차이가 나지 않는다. 그런데 미국이나 영국 두 나라 모두 소득 격차보다 시내버스 재정지원금 차이가 훨씬 크다. 그만큼 서울 시내버스는 효율적으로 운영되고 있다는 것을 보여준다.

이상에서 검토한 바와 같이 서울 시내버스에 대한 재정지원금은 운송비용 대비 요금수입 비율이나 직접적인 재정지원 규모 면에서 다른 글로벌 도시들의 재정지원금에 비해 많은 것이 아니라, 오히려 적다.

---

28) https://data.worldbank.org/indicator/NY.GDP.PCAP.CD

서울 버스에 관한 미신과 사실 6
재정지원금 폭증은 사업자들의 도덕적 해이 탓이다?

Myth!!!

서울 시내버스 재정지원금이 폭증한 것은 코로나 팬데믹의 영향으로 버스 수송 인원이 격감한 것에 기인하며, 도덕적 해이와는 관계가 없다. 다른 글로벌 도시들처럼 '특별보조금' 등의 방식으로 특별지원을 하지 않아서 생긴 일종의 착시현상이다.

Fact!

[1] 코로나 팬데믹이 시내버스에 미친 영향

코로나 팬데믹은 서울의 교통 수송 분담률에 큰 변동을 불러일으켰다. 전염병으로부터 자신을 지키고자 하는 방어 행위의 당연한 귀결로 승용차의 이용이 급증했고, 이것은 결국 대중교통 수송 분담률 특히 시내버스의 수송 분담률 급감으로 이어졌다.

코로나 팬데믹이 본격 국면에 접어든 2020년과 그 이전을 비교해 보자. 2019년까지 24.5% 수준에 머물던 서울의 자가용 승용차 수송 분담률은 2020년부터 증가하기 시작해 2021년 38%까지 치솟았다. 승용차 수송 분담률의 증가는 대중교통 이용의 감소를 의미한다. 버스와 도시철도 수송 분담률을 합친 대중교통 수송 분담률은 2019년 65.5%에서 2020년에는 61.4%, 2021년 52.9%로 각각 크게 줄었다. 재택근무의 확대 등으로 인해 대중교통, 특히 버스의 수송량은 급격히 감소했다.

〈표 29〉 서울의 교통 수송 분담률 추이(2015년~2022년)

연도	승용차	버스	도시철도	택시	기타	대중교통 (버스+도시철도)
2015	23	26.5	39.3	6.8	4.4	65.8
2016	24.3	26.1	38.9	6.6	4.1	65
2017	24.4	25.1	39.9	6.5	4.1	65
2018	24.5	24.4	40.7	6.3	4.1	65.1
2019	24.5	24	41.6	5.7	4.2	65.6
2020	28.5	21.7	39.7	5.3	4.8	61.4
2021	38	24.9	28	3.7	5.4	52.9
2022	27.3	20.1	43.5	3.2	5.9	63.6

출처: 서울특별시, 「서울통계연보」

서울 시내버스 수송 인원 추이를 살펴보면 2005년부터 2015년까지 매년 16억 명 이상의 수송 인원을 기록했다. 해마다 수송 인원이 줄어들던 상황에서 2005년 전년 대비 13.8%, 2억 명 이상의 수송 인원 증가를 기록한 서울 버스 개혁의 놀라운 성과가 확인된다.

이런 상황이 일정 기간 이어지다가 서울 버스의 수송 인원은 조금씩 감소하면서 2016년과 2017년에는 매년 15억 명 대 수송 인원을 기록한다. 2018년과 2019년에는 다시 14억 8천만 명 수준으로 약간 줄어들었다. 〈표 30〉에서 확인할 수 있듯이 2006년부터 2019년까지의 증감률은 그 폭이 크지 않았으며, 변동폭이 가장 큰 것이 3.7%(2015년) 감소였다.

하지만 코로나 팬데믹의 영향은 매우 강력했다. 2020년에는 23.3% 감소한 11억 3,420만 명, 2021년에도 전년과 비슷한 11억 3,922만 명을 기록했다. 2020년의 수송 인원은 전년 대비 무려 3억 4,522만 명 감소한 것이다. 서울 시내버스 사상 초유의 일이었다.

2022년에는 전년 대비 10.83% 증가한 12억 6,256만 명으로, 2023년에도 13억 1,816만 명까지 4.4% 증가했으나 팬데믹 이전 수준까지는 회복하지 못한 상황이다.

〈표 30〉 서울 시내버스 수송 인원　　　　　　단위(명, %)

연도	수송 인원	전년 대비 증감	전년 대비 증감률
2000	1,566,959,534		
2001	1,530,143,967	-36,815,567	-2.3
2002	1,525,667,603	-4,476,364	-0.3
2003	1,462,221,813	-63,445,790	-4.2
2004	1,456,977,747	-5,244,066	-0.4
2005	1,658,738,541	201,760,794	13.8
2006	1,699,250,982	40,512,441	2.4
2007	1,672,725,469	-26,525,513	-1.6
2008	1,684,309,393	11,583,924	0.7
2009	1,680,672,781	-3,636,612	-0.2
2010	1,677,041,501	-3,631,280	-0.2
2011	1,695,593,239	18,551,738	1.1
2012	1,670,915,115	-24,678,124	-1.5
2013	1,659,872,904	-11,042,211	-0.7
2014	1,669,565,749	9,692,845	0.6
2015	1,607,197,944	-62,367,805	-3.7
2016	1,566,469,121	-40,728,823	-2.5
2017	1,533,034,888	-33,434,233	-2.1
2018	1,486,907,778	-46,127,110	-3.0
2019	1,479,424,301	-7,483,477	-0.5
2020	1,134,204,817	-345,219,484	-23.3
2021	1,139,225,156	5,020,339	0.4
2022	1,262,564,095	123,338,939	10.8
2023	1,318,169,653	55,605,558	4.4

출처: 서울특별시, 「서울특별시 기본통계」
2023년은 T-money 자료

이렇게 시내버스 승객이 급격하게 줄어들었다가, 이후 그 회복이 더딘 현상은 다른 글로벌 도시들에서도 서울과 거의 유사하게 나타나고 있다.

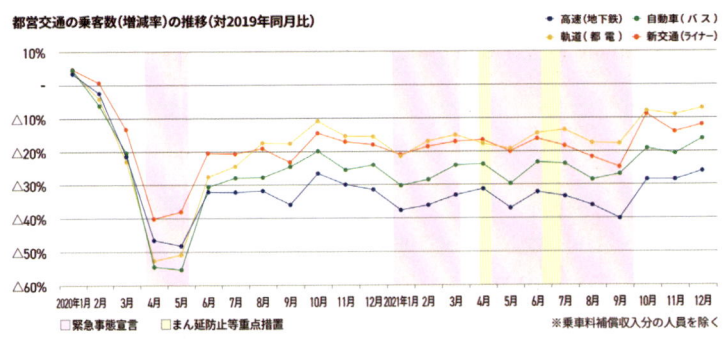

출처: 東京都 交通局 経営計画 2022
〈그림 35〉 일본 도쿄도 都営交通의 승객수 추이[29]

〈그림 35〉와 〈그림 36〉은 도쿄와 뉴욕의 시내버스 이용자가 얼마나 급격하게 줄어들었는지를 보여준다. 서울의 23.3%와는 비교가 되지 않을 정도로 더 큰 규모로 승객이 감소했다. 각국 정부와 도시들은 이런 통계를 기초로

---

[29] 2019년 대비 승객의 증감률을 나타낸 그래프이다. 2020년 5월에는 2019년 대비 버스 승객수(이 그래프에서 녹색으로 표시)가 55%가 감소했다. 일본도 이용 승객의 회복 속도가 상당히 더딘 것으로 나타났다.

신속하게 대중교통 지원 계획을 수립했다. 영국은 버스 서비스 공급 수준을 별도로 관리하고, 이를 뒷받침하기 위한 특별보조금 편성 등의 노력을 기울였다.

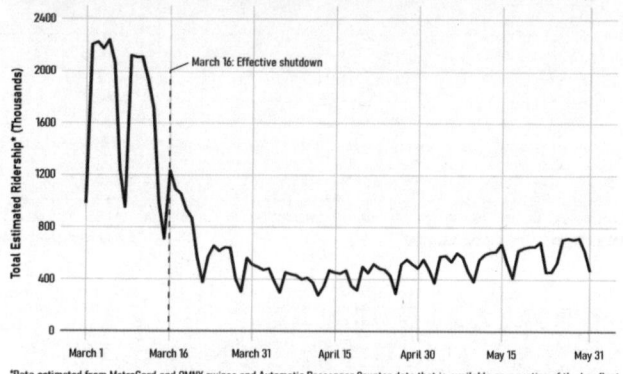

출처: Transportation During Coronavirus in New York City(July 2020)
〈그림 36〉 뉴욕시 버스 이용자 수

예를 들어 〈그림 37〉과 같이 2020년 3~6월 팬데믹 초기에 크게 줄어든 잉글랜드의 버스 서비스 제공량을 끌어 올려 상당히 높은 서비스 공급 수준을 유지하고자 노력했다.

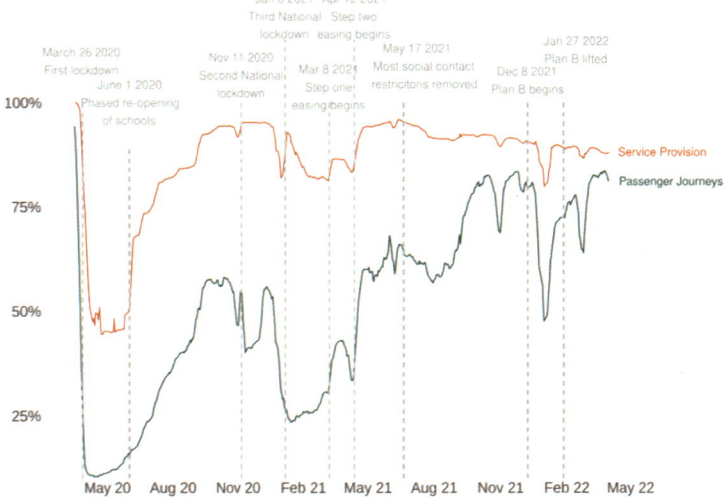

* 2020년 1월 셋째 주 대비 %, 일주일 평균값을 나타낸 것임
출처: Gov. UK Annual bus statistics: year ending March 2022(revised)
〈그림 37〉 잉글랜드 버스 수송 인원 및 서비스 공급
(2020년 3월 15일~2022년 3월 31일)

영국 정부는 이런 공급 수준이 유지된 것은 9월 아동의 학교 복귀와 함께 코로나특별보조금(CBSSG) 도입이 큰 역할을 했다고 본다. CBSSG는 2021년 8월 31일 종료되었고, 2021년 9월 1일 버스 회복 보조금(BRG)이

이어졌으며, 이는 2022년 3월 약 88%의 수치로 이후 수개월간 서비스 공급을 비교적 일관되게 유지하는 데 도움을 준 것으로 평가한다.30) 이용객이 90% 이상 감소하는 상황에서도 〈그림 37〉에 표현된 서비스 공급에 관심을 두고, 이를 관리한 영국의 사례는 위기 상황에서의 대응 원칙과 기본적인 관점을 시사한다.

서울 시내버스 이용 승객의 격감은 당연히 운송수입금의 급격한 감소로 이어졌고, 준공영제 체제에서는 재정지원금의 증가로 귀결될 수밖에 없었다.
이런 전대미문의 거센 도전이 닥쳤을 때 문제를 합리적으로 인식하고 적정한 지원체계를 갖추는 것은 시민 교통권을 보장하는 데 있어서 매우 중요하다. 이 문제에 대한 깊은 이해와 더불어 우리와 유사한 상황을 겪은 다른 글로벌 도시들의 대응으로부터 지혜를 얻는 안목이 요구된다. 코로나 팬데믹을 이겨냈지만, 기후 위기를 비롯하여 팬데믹과 유사한 대규모 재난의 잠재적 가능성이 인류를 에워싸고 있기 때문이다.

---

30) Gov. UK Annual bus statistics: year ending March 2022(revised)

[2] 코로나 펜데믹과 재정지원금의 폭발적 증가

코로나 팬데믹의 거센 영향을 받아 서울특별시의 시내버스 재정지원금은 2022년 8,507.9억 원으로 크게 늘었다. 앞에서 살펴본 바와 같이 전년 대비 3억 4,522만 명에 달하는 승객의 급격한 감소 현상이 재정지원금의 큰 폭 증가로 이어진 것이다. 그런데 그 근본적인 원인이나 배경에 대한 분석과 대책 수립은 뒤로 밀리고 8,500억 원이라는 엄청난 규모의 지원금 자체와 확인되지 않은 '사업자들의 도덕적 해이', '재정지원금 퍼주기' 논란이 불거졌다.

다른 글로벌 도시들은 어땠을까?

코로나 팬데믹 기간 글로벌 도시들 모두가 심각한 버스 승객의 감소가 있었고, 이에 대한 정부 및 시 차원의 대응과 지원이 이루어졌다.

먼저 뉴욕 MTA로 가보자. 뉴욕 MTA는 코로나 팬데믹으로 재정적 위기에 직면한다. 요금수입은 MTA 총수입의 큰 부분을 차지하는데, 팬데믹으로 인해 승객수가 격감했고 MTA는 연방정부로부터 일시적인 지원금을 받아 그 격차를 메웠지만, 그 자금은 빠르게 소진되었다.

〈그림 38〉에서 파란색으로 표시된 2022년 뉴욕 MTA

수입금의 15%는 미국 연방정부의 코로나지원금(Federal COVID aid)이었다. MTA가 2020년과 2021년에 받은 연방정부의 코로나 관련 지원금은 총 28억 7,700만 달러다.

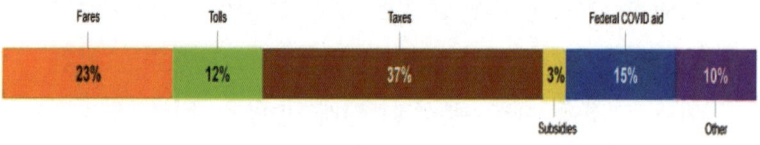

출처: MTA Operating Budget Basics
https://new.mta.info/budget/MTA-operating-budget-basics
〈그림 38〉 2022년 뉴욕 MTA의 운영 예산

MTA는 팬데믹 종료 이후의 상황이 그렇게 만만치 않다는 것을 예상하고 다음과 같이 미래에 대비하고 있다고 밝힌다. 〈그림 39〉는 뉴욕 MTA의 예산 부족 전망치를 나타낸 것이다.

"이 지역이 팬데믹에서 벗어나면서 통행 패턴이 바뀐 것은 분명하다. 뉴욕 시민들은 다시 대중교통으로 돌아왔지만, 전보다 통행을 적게 하고 있고, 승객수는 가까운 미래에는 코로나 이전 수준으로 회복되지 아니할 것으로 전망된다. 이것은 연방정부의 지원이 소진되면 이르면 2025년 MTA는 30억 달러의 예산 부족에 직면하게 될 것이라는 의미다. MTA는 이러한 예산 부족을 해결하기 위해 여러 대안을 모색하고 있다."[31]

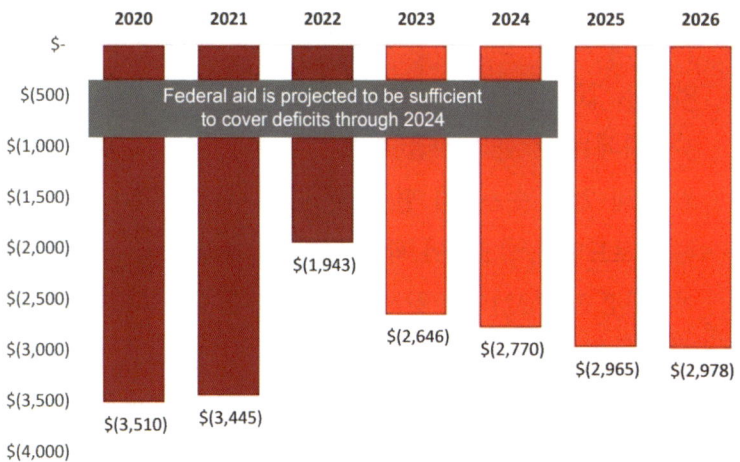

〈그림 39〉 뉴욕 MTA의 예산 부족 전망치

런던은 코로나 팬데믹으로 인한 타격이 더 크게 나타났다. 런던의 요금수입은 2020/21년에 급격한 감소가 나타났다. 코로나 팬데믹으로 인한 1차 봉쇄 기간(2020년 3월) 동안 런던 이외의 잉글랜드 지역의 승객수는 1월 대비 10% 수준으로 감소했다. 이후 통행 제한이 완

---

[31] https://new.mta.info/budget/MTA-operating-budget-basics

화되면서 승객수가 증가하여 2020년 9월 학생들이 학교로 돌아갔을 때 58% 수준까지 증가했다.

제2차 봉쇄 기간(2020년 11월) 동안 승객 탑승 감소는 상대적으로 덜 심각하여 1월 대비 40% 수준까지 떨어졌다. 2020년 12월 Tier 4 제한 적용과 2021년 1월 3차 봉쇄는 더 큰 영향을 미쳤으며, 승객수는 2020년 1월 대비 24% 수준까지 떨어졌다. 2021년 2월에는 봉쇄 해제 로드맵이 발표되어 학교 재개 및 야외 모임 허용이 이루어졌고, 2021년 7월 사회적 접촉에 대한 대부분의 제한이 없어짐에 따라 승객수는 점차 증가했다.

2021년 12월 오미크론 변종이 등장한 후 플랜B 조치를 시행하면서 승객 탑승률은 48% 수준까지 떨어졌으나 전년도 같은 시점까지 떨어지지는 않았다. 2022년 1월 이후 승객 탑승이 회복되기 시작했고, 플랜B 조치도 해제되었으며 이후 2022년 3월에는 약 80%로 크게 회복되었다.

2021/22년 잉글랜드 전체의 버스 승객수는 전년 대비 13억 명, 즉 79.6% 증가한 28억 명을 기록했다. 하지만 이 수치는 승객수가 41억 명이었던 2019/20년 대비 30.3% 적은 상태다.

런던 버스 승객수는 2021/22년 15억 명을 기록했는데, 이 승객수는 전년 대비 72.4% 증가한 것이지만 2019/20년 승객수에 비하면 29.4%가 적은 것이다. 런던과 잉글랜드의 버스 승객수의 추이를 나타낸 〈그림 40〉은 팬데믹의 영향이 얼마나 컸는지를 잘 보여준다.

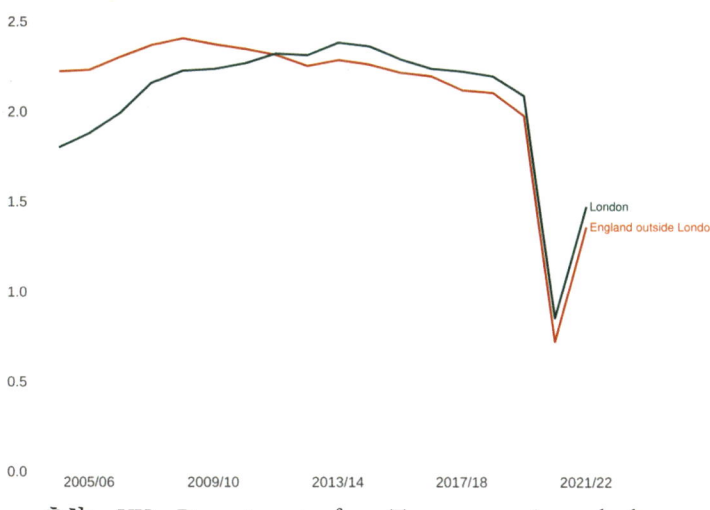

출처: UK Department for Transport, Annual bus statistics: year ending March 2022 (revised)

〈그림 40〉 런던 및 잉글랜드 버스 승객수 추이
(2005/06~2021/22)

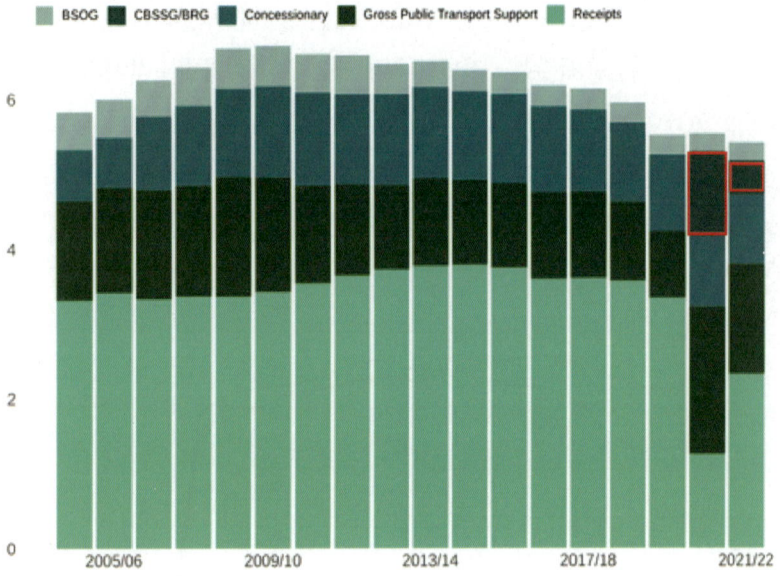

출처: UK Department for Transport, Annual bus statistics: year ending March 2022 (revised)
〈그림 41〉 잉글랜드 버스 총수입(2005/06~2021/22)

〈그림 41〉을 꼼꼼히 보면 알 수 있듯이 팬데믹의 영향으로 요금수입이 격감하자 영국 정부는 대중교통지원금(Gross Public Transport Support) 규모를 크게 증액했다. 이 외에도 2020년 4월부터 2021년 8월 말까지 코비드19버스서비스지원보조금(COVID-19 Bus Service

Support Grant, CBSSG)을 도입했고, 이후 2021년 9월 1일에는 버스회복보조금(Bus Recovery Grant, BRG) 제도를 도입했다. 별도 계정을 만들어 지원체계를 갖춘 것이다. 〈그림 41〉에서 상자 모양으로 표시한 부분이 코로나특별보조금이다. 앞에서 언급한 것처럼 이 보조금은 런던 이외의 버스 지원에 사용되었다.

2021/22년에 잉글랜드 버스에 지급된 정부 재정지원금은 29.8억 파운드였으며, 이 중 8.3억 파운드(27.9%)는 양허통행환급금이었다. 양허통행환급금은 2년 전에 비해 감소한 것인데, 이는 팬데믹 이후 양허통행의 수도 줄어들었음을 보여준다.

〈그림 42〉는 각각 런던(아래)과 런던 이외의 잉글랜드(위)의 버스에 대한 재정지원금 추이를 보여준다. 런던 이외의 잉글랜드 지역에서는 재정지원금이 2009/10년까지 증가하다가 감소 추세로 바뀌어 2020/21년까지 점차 감소했다. 런던에서는 같은 기간 동안 비슷한 패턴을 따라 정부 재정지원금이 2009/10년까지 꾸준히 증가했으며, 그 후 2012/13년과 2017/18년 사이에 약간의 증가 추세가 나타났다가 2018/19년과 2019/20년 사이에는 감소했다.

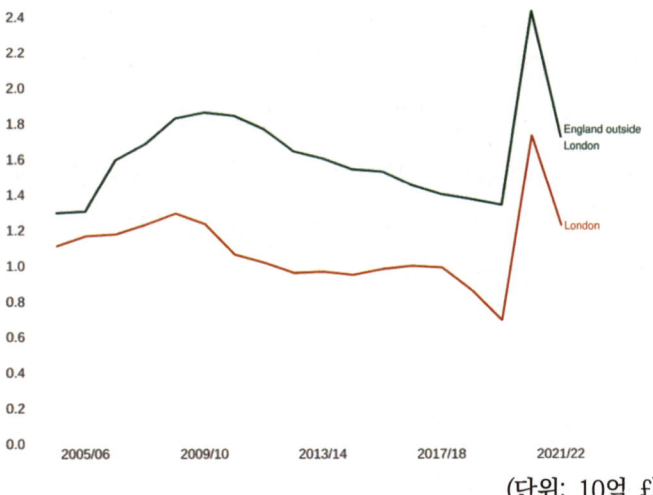

(단위: 10억 £)
〈그림 42〉 런던 및 런던 이외의 잉글랜드 버스 재정지원금
(2005/06~2021/22)

 런던과 런던 이외의 잉글랜드 모두 2020/21년 재정지원금이 크게 늘었다. 코로나 팬데믹으로 정부의 재정지원 규모를 늘렸기 때문에 이것이 반영된 것이다. 2021/22년에는 약간 감소했지만, 여전히 2019/20년보다는 높은 수준이다.
 뉴욕이나 런던에서 코로나 팬데믹으로 인해 정부 지원금 투입을 비난하는 황당한 논란이나 MTA나 런던 버스

회사의 도덕적 해이 문제는 전혀 제기되지 않았다. 상당한 노력을 기울여 검색해도 찾을 수 없다. 국가 혹은 도시가 직면한 위기 상황에서 시민의 교통권을 보장하고 운송사업자가 안정적인 교통 서비스를 제공할 수 있도록 하는 데 정책의 역점을 두었다.

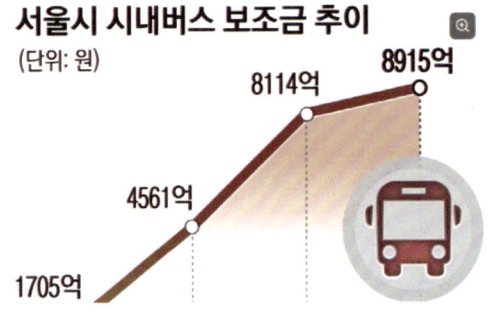

〈그림 43〉 늘어난 재정지원금 문제를 다룬 언론 보도[32]

---

32) 서울신문 2024년 4월 2일 보도

서울도 이런 식으로 2022년의 재정지원금 가운데 3,000~5,000억 원 정도를 코로나특별보조금으로 처리했다면 어땠을까? 재정지원금이 8,500억 원 이상 아니 1조 원이 넘었다고 해도 '세금 먹는 하마' '사업자들의 도덕적 해이' 같은 인식이나 논리가 나타났을까? 혹자는 이런 말을 할 수 있다. 세금 투입은 결국 같은 건데 무슨 차이가 있겠느냐고. 조삼모사 같은 게 아니냐고. 하지만 나는 그렇게 생각하지 않는다.

 시민의 교통권은 시민들이 시내버스를 자긍심을 갖고 이용할 수 있을 때라야 보장된다. 서울 시내버스는 시민의 교통수단이다. 시내버스에 그릇된 이미지를 덧씌우는 것은 그 자체가 시내버스 이용 시민의 자긍심과 자존감을 훼손하는 행위다. 좀 더 사려 깊은 서울시 행정이 이루어졌다면 서울 시내버스에 대한 이미지 훼손이나 버스업계에 대한 무분별한 가해 행위는 나타나지 않았을 거라는 게 내 생각이다.

 코로나 팬데믹 시기의 대중교통 서비스에 대해서는 '엄혹하게 어려운 시기에도 서비스 유지에 최선을 다한 노력' 그 자체가 높은 평가를 받고 있다. 우리나라도 그런 노력으로 해외의 좋은 평가를 받아왔다.

출처: APTA, Moving The Nation Through Crisis, 2020. 10
〈그림 44〉 팬데믹 시기 대중교통 서비스 상징 화보

대중교통 관련 산학연관(産學硏官)의 네트워크인 미국 대중교통협회33) 코로나 팬데믹 Task Force가 제작한 자료집에 있는 〈그림 44〉는 팬데믹 시기에 대중교통이 어떤 역할을 했는지를 상징적으로 표현하고 있다. "팬데믹 시기 동안 대중교통수단은 계속해서 (나라에 꼭 필요한) 필수 노동자들에게 필수 서비스를 제공했습니다."34)

어디 필수 노동자뿐이었을까? 필수 학생들, 필수 청소년들, 필수 시민들에게 꼭 필요한 서비스를 제공하지 않았던가?

팬데믹으로 인한 피해에 대한 버스 지원 방식의 디테일에서 세련된 선진국 행정과 거친 서울 행정의 모습이 극적인 대비를 이룬다.

코로나 팬데믹은 전 세계 도시의 풍경을 바꿔놓았다. 텅 빈 거리, 조용한 역, 멈춰선 버스와 지하철. 바이러스의 확산을 막기 위해 이동은 자제됐고, 그 결과 대중교통은 가장 큰 타격을 입은 공공 서비스 중 하나가 되었다. 각국 정부는 무너진 대중교통 시스템을 회복하고,

---

33) American Public Transportation Association
34) "Throughout the pandemic, public transit agencies continued to provide essential services to essential workers." 이 문장을 우리말로 번역한 것이다.

나아가 지속가능한 도시 교통의 미래를 설계하는 기회로 삼았다.

프랑스는 철도와 친환경 교통을 위해 110억 유로의 특별 기금을 마련했고, 독일 역시 유럽연합의 승인을 받아 지역 대중교통 손실 보전을 위한 60억 유로의 지원책을 실행했다. 런던은 2020년 4월부터 일시적으로 버스 요금을 무료로 전환하기도 했다.

팬데믹이라는 전대미문의 충격은 우리에게 대중교통의 소중함을 다시금 일깨워주는 계기가 되었다. 공공성과 지속가능성을 겸비한 교통은 단지 이동 수단을 넘어, 도시의 생명선이자 시민 삶의 질을 결정짓는 핵심 인프라이기 때문이다. 각 도시가 코로나 팬데믹의 대공세로부터 버스를 살리기 위해 안간힘을 쓴 것은 이런 맥락에 기반을 둔 것이다.

2022년 서울 시내버스 재정지원금이 대폭 증가한 것은 코로나 팬데믹의 영향으로 버스 수송 인원이 격감한 것으로 인한 것이며 사업자들의 도덕적 해이와는 관계가 없다. 다른 나라들처럼 '코로나특별보조금' 등의 방식으로 별도 계정을 만들지 않아서 총액이 증가한 것처럼 보이는 일종의 착시현상일 뿐이다.

우리가 해야 했던 일은 '퍼주기' 논란으로 버스의 이미지를 훼손하는 것이 아니라, 런던에서와 같이 팬데믹 이후 교통 회복이 자가용 승용차 중심으로 이루어지지 않도록 오히려 버스우선 정책을 펼치고 대중교통의 이미지를 높이는 것 아니었을까?

서울 버스에 관한 미신과 사실 7
재정지원금이 늘어나면서 사업자들의 이익도 커졌다?
Myth!!!

재정지원금은 늘어났어도 사업자들의 이익은 줄었다.
Fact!

서울 시내버스는 준공영제로 운영되고 있다. 개별 시내버스가 받는 모든 운송수입금은 개별 사업자나 운수회사가 관리하는 방식이 아니라 서울시 전체 운송수입(요금수입)과 광고수입이 모두 하나로 통합되어 관리되며, 개별 기업들에는 버스 운행 대수와 운행 실적에 따라 배분이 이루어진다. 이 운송수입금 공동관리제는 준공영제 시행에 따라 수입관리를 위해 도입된 제도적 장치로 준공영제의 근간이다.

버스 운행에 따른 수입금은 사업자와 서울시가 공동으

로 관리하는 기구(운송수입금공동관리업체협의회)를 구성해서 관리된다. 이 기구는 시내버스 회사 전체의 운송수입금을 공동관리하며 운행, 경영 및 서비스 평가를 통해 결정된 운송비용을 배분하게 된다.

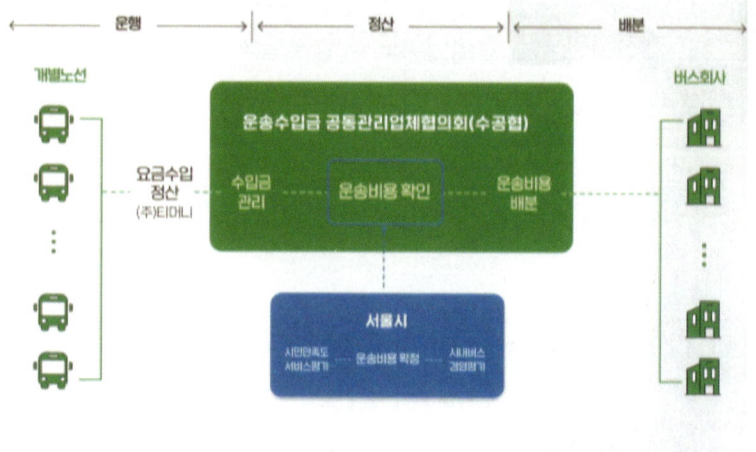

〈그림 45〉 운송수입금 공동관리체제 개념도

운송비용 산정과 재정지원은 표준운송원가를 산정하고 교통카드에 기반을 둔 운송수입금관리체계(교통카드 자료에 기반을 둔 이용객 자료를 통해 별도의 정산팀과 정산 프로그램으로 구성된 수입금 정산체계)를 구축하고 있으며, 버스운영관리 시스템(BMS)을 통한 버스 서비스 평가체계를 구축하여 표준운송원가 정산 금액과 버스회사 서비스 평가에 따른 경영성과 인센티브로 이루어진 운송비용을 배분한다.

표준운송원가는 인건비와 연료비를 포함하여 하루에 버스 한 대를 운영하는 데 필요한 운송비용을 산정하는 기준으로 적정 이윤을 합쳐 말 그대로 서울 시내버스를 운행하는 비용의 모델, 표준인 셈이다. 이 표준운송원가는 운송수입금 공동관리제와 더불어 준공영제의 근간이라고 할 수 있는 중요한 요소이다. 표준운송원가는 실운송원가 분석과 전문기관 용역을 통해 적정 표준운송원가를 산출한 다음 버스정책시민위원회의 심의 의결을 통해 최종 확정된다. 서울시는 표준운송원가 산정 지침을 마련하고, 원가를 매년 산정하여 사후적으로 제시한다.

서울시의 원가 산정방식은 전체 시내버스 회사의 결산결과 분석을 통해 산정, 지급액(표준운송원가) 대비 실제 사용액(회사지출)을 비교하여 차액을 조정하는데, 이때 정해지는 대당 지급액이 표준운송원가이다. 이것을 얼마로 정하느냐에 따라 운수회사의 이익이 좌우되므로 그 결정을 둘러싼 서울특별시와 서울특별시버스운송사업조합의 의견 충돌이 있는 것은 자연스러운 일이다.

2004년 441,867원이던 표준운송원가는 약간 낮아진 적도 있지만, 꾸준히 상승해서 2022년 857,741원이다.

〈표 31〉 서울 시내버스 표준운송원가 추이   단위(원)

연도	인건비	재료비	이윤	기타비용	합계	전년 대비 증감률(%)
2004	281,893	73,395	28,305	58,274	441,867	
2005	315,733	74,239	28,109	61,810	479,891	8.6
2006	325,684	85,336	28,109	62,422	501,551	4.5
2007	354,692	87,658	24,980	63,654	530,984	5.9
2008	367,625	87,741	24,980	63,640	543,986	2.4
2009	373,460	114,294	24,980	69,157	581,891	7.0
2010	388,647	114,294	24,980	69,636	597,557	2.7
2011	403,046	128,028	24,980	68,238	624,292	4.5
2012	423,309	138,163	17,288	68,227	646,987	3.6
2013	443,993	145,142	17,836	69,578	676,549	4.6
2014	460,575	153,212	17,794	73,826	705,407	4.3
2015	476,397	121,382	17,000	76,168	690,947	-2.0
2016	491,285	98,727	17,694	76,717	684,423	-0.9
2017	505,162	98,350	17,434	77,815	698,761	2.1
2018	522,189	87,259	17,304	77,510	704,262	0.8
2019	541,650	90,303	17,330	78,219	727,502	3.3
2020	570,941	78,347	17,000	76,945	743,233	2.2
2021	587,159	78,362	17,000	77,795	760,316	2.3
2022	618,199	145,275	17,000	77,267	857,741	12.8

출처: 서울특별시버스운송사업조합

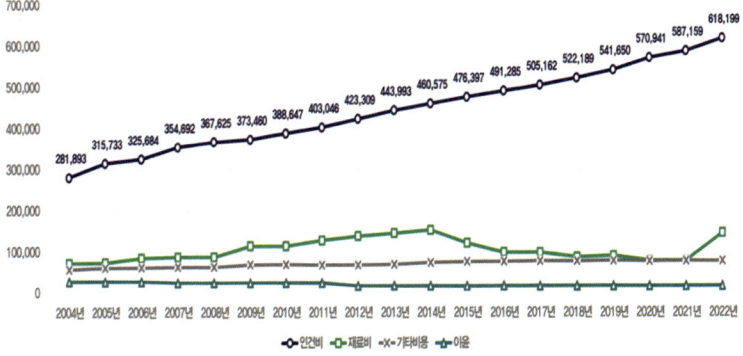

〈그림 46〉 서울 시내버스 표준운송원가 추이

〈그림 46〉과 〈표 31〉에서 확인할 수 있듯이 서울 시내버스의 표준운송원가 상승에서 가장 중요한 부분은 운전기사의 인건비이다. 2004년 281,893원이던 인건비는 꾸준히 늘어나 2022년 618,199원까지 상승했다. 표준운송원가에서 인건비가 차지하는 비율은 2004년 63.8%에서 2022년 72.1%로 그 비중이 커졌다. 임금 상승은 운전기사의 삶의 질이나 운행 서비스의 질과 직접 관련이 있다. 하지만 인건비는 표준운송원가 증가에 큰 영향을 주는 주요 요인으로 작용하고 있다는 점은 분명하다.

재료비라고 표기된 유가의 영향이 크게 반영되는 것도

시내버스의 특성상 어쩔 수 없는 부분이다. 재료비는 2004년 73,395원에서 2014년 153,212원까지 상승했다가 하락했지만 2022년 145,275원으로 다시 올랐다.

〈표 31〉에서 표준운송원가 가운데 이윤 항목의 추이를 살펴보자. 준공영제가 시작된 2004년 28,305원이었던 이윤은 28,109원(2005~2006년)으로 줄었는데, 이후 다시 24,980원(2007~2011년)으로 낮아졌다. 그 후 또다시 17,000원대로 더 낮아졌다. 2020~2022년에는 17,000원으로 고정되었다.

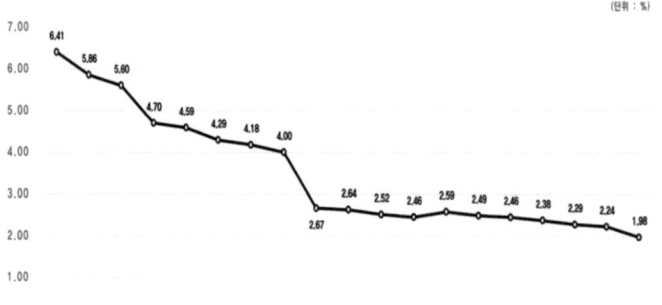

〈그림 47〉 표준운송원가에서 이윤이 차지하는 비율 추이

전체 표준운송원가에서 이윤이 차지하는 비율은 2004년 6.41%에서 점차 낮아져, 2005년 5%대로 낮아진 이

윤의 비율은 2007년 4%대로 낮아졌고, 다시 2012년 2%대로 낮아졌다가 마침내 2022년 1.98%까지 줄어들었다. 표준운송원가가 사업자들에게는 사실상 매출액이라는 점을 고려하면 결국 영업이익률이 1.98%에 불과한 셈이다. 〈그림 47〉은 표준운송원가에서 이윤이 차지하는 비율이 어떻게 감소해 왔는지를 보여준다.

이런 질문이 제기될 수 있다. 성과이윤이 따로 있으니까 실제 사업자들이 받는 이윤은 더 늘어나는 것은 아닌가? 물론 그렇게 볼 수도 있다. 실제로 성과이윤을 받는 업체들은 이윤이 약간 높아진다. 그런데 성과이윤은 별도로 책정된 것이 아니고, 서비스 평가 결과가 좋지 않은 하위업체들이 받을 이윤을 가져다가 평가 결과가 좋은 상위업체들에 나눠주는 방식이다.

시내버스 업계 전체로 보면 제로섬 게임인 셈이다. 업계 전체 이윤의 합은 결국 표준운송원가 이윤의 합인 것이다. 서울 시내버스 업계의 이윤, 곧 영업이익률은 1.98%로 보는 것이 합당하다.

산업연구원이 2023년 12월에 작성한 2022년 말 기준 서비스 부문의 매출영업이익률과 비교해 보면 서울 시내버스의 영업이익률은 상당히 낮다는 것을 알 수 있다.

산업군 - 서비스 부문		매출영업이익율 (2022년 기준)
유통	도.소매	3.3
	운수.보관	15.4
생산자서비스	출판	6.9
	방송	6.1
	통신	7.8
	정보서비스	9.4
	금융.보험	7.6
	부동산	14.7
	임대	10.3
	전문 과학기술	12
	사업시설관리	4.9
	사업지원	2.6
사회서비스	공공교육	-0.4
	교육	4.4
	사회복지	-10.7
개입서비스	숙박.음식점	3.8
	예술.스포츠.여가	21.5
	기타 서비스	7.3

출처: 산업연구원(2023)

〈그림 48〉 2022년 서비스 부문 매출영업이익률

재정지원금이 늘어나면서 사업자들의 이익도 당연히 커졌을 것이라는 추정은 사실과 다르다. 재정지원금은 늘어났어도 사업자들의 이익은 오히려 줄었다.

서울 버스에 관한 미신과 사실 8
교통전문가 상당수가 재정지원금의 투명성이 미흡하다고 느끼고 있다?
Fact!!!

재정지원금은 흔히 '혈세'라고도 불리는 세금이다. 세금 사용의 투명성은 아무리 강조해도 지나치지 않다. 기업이 투명성을 유지하는 것도 중요한 일이지만, 투명한 기업으로 인식되는 것도 그것 못지않게 중요하다.

대한교통학회가 50명의 교통전문가에게 '준공영제의 문제점'이 무엇인지를 물었는데(2024. 06), 교통전문가 상당수가 재정지원금의 투명성이 미흡하다고 생각하는 것으로 나타났다.

전문가들은 준공영제의 문제점으로 '재정지원금 증가로 인한 지자체 부담 증가'(38.8%), '버스업계의 자발적인 경영 및 서비스 개선 노력 부족'(20.3%)에 이어 세 번째로 '재정지원금 운영 및 경영투명성 미흡'을 꼽았다.

전문가 중 무려 18.5%가 '재정지원금 운영 및 경영투명성 미흡' 문제를 준공영제의 가장 중요한 문제로 인식하고 있다. 세 번째라고 하지만 두 번째 문제점과 바로 연결되어 있음을 고려할 때 결코 작은 비율이라 할 수 없다.

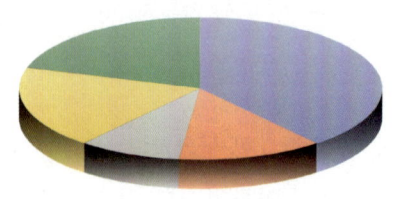

- 재정지원금 증가로 인한 지자체 부담 증가 38.8%
- 경쟁가능한 시장여건(Contestability)의 축소로 인한 효율성 저하 12.9%
- 사모펀드 등 금융지주의 세력 확대로 인한 부작용이나 공공성 훼손 우려 9.2%
- 재정지원금 운영 및 경영투명성 미흡 18.5%
- 버스업계의 자발적인 경영 및 서비스 개선 노력 부족 20.3%

출처: 서울 시내버스 발전방안에 관한 전문가 델파이 조사, 대한교통학회, 2024. 06.
〈그림 49〉 '서울 시내버스 준공영제의 문제점' 전문가 응답

재정지원금의 운영이나 경영투명성이 미흡하다는 인식이 교통전문가들 상당수에 퍼져 있다면 그것 자체가 운

수업계에는 큰 부담이 될 수 있다. 부정적 인식을 가진 교통전문가들은 사업자들의 이야기를 불신할 개연성이 크고, 사업자들에게 유리하지 않은 행정이나 정책 결정이 이루어질 가능성도 그만큼 커진다.35)

그런데 사업자들은 '도덕적 해이'라는 표현에 상당히 민감하다. 왜일까? 그들은 왜 '도덕적 해이'라는 말에 억울해하는지 〈그림 50〉을 잠시 살펴보자.

이 그래프에 표현된 대로 2004년과 2022년의 표준운송원가를 살펴보면 운전직 급여는 2004년 223,624원에서 2022년 496,004원으로 121.8% 상승했고, 법정복리비, CNG(연료비)와 차량감가상각비는 각각 177.5%, 102.1%, 98.5% 상승했다.

〈그림 50〉에서 눈에 띄는 것은 '사업자 관리 가능 비용'이라는 부분이다. 다른 요소들은 '관리 불가능 항목'으로 운전직 급여 및 퇴직급여, 차량감가상각비, 연료비, 법정복리비 등이다. 사업자가 관여할 여지가 전혀 없는 항목들이다.

---

35) 대부분의 델파이 조사와 마찬가지로 대한교통학회의 델파이 제1차 조사는 '준공영제의 문제점이 무엇인가'라는 주관식 설문으로 이루어졌고, 여기서 나온 응답들을 토대로 델파이 제2차 조사 객관식 설문지 지문을 구성한 것이다.

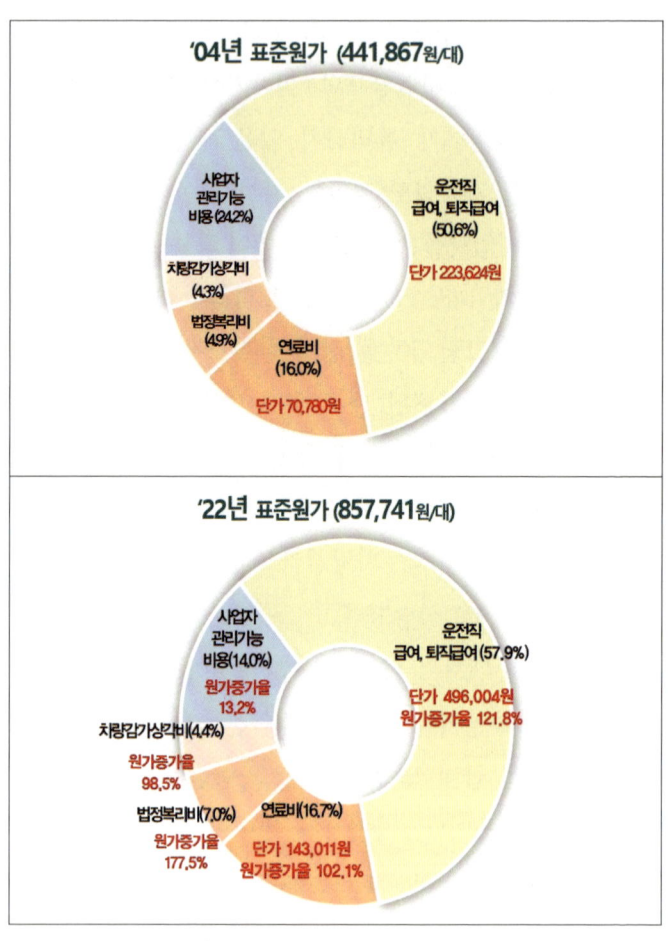

출처: 서울특별시운송사업조합 내부자료

〈그림 50〉 서울 시내버스 표준운송원가 구성 내역 비교

'사업자 관리 가능 항목'은 관리직 및 정비직 인건비, 차량보험료(사고처리비), 기타관리비(금융비용), 차량유지비, 정비비 등 경영이나 관리에 의해서 회사마다 달라질 수 있는 여지가 있는 부분이다.

〈표 32〉 표준운송원가 구성 내역 비교　　　　단위(%)

연도	관리 불가능 항목			관리 가능 항목
	운전직 급여 등	차량감가 상각비 등	소계	
2004	50.6	25.2	75.8	24.2
2022	57.9	28.1	86.0	14.0

출처: 서울특별시운송사업조합 내부자료

우리는 〈그림 50〉에서 2004년과 2022년의 표준운송원가 구성비가 상당히 변화했다는 것을 확인할 수 있다. 예를 들어 운전직 급여 및 퇴직급여 2004년 50.6%에서 2022년 57.9%로 구성비가 달라졌다. 법정복리비도 2004년 4.9%에서 2022년 7.0%로 그 비율이 높아졌다.

〈표 32〉에서 확인할 수 있듯이 2004년에는 표준운송원가 가운데 '관리 불가능 항목'은 75.8%, '관리 가능 항목'은 24.2%였으나, 2022년에는 '관리 불가능 항목'

은 86.0%, '관리 가능 항목'은 14.0%로 변화한 것이다.

사업자들이 호소하는 하소연의 핵심은 "이렇게 '관리 가능 항목'이 크게 줄어들어서 줄이려 해도 줄일 여지가 없는 상황인데 도덕적 해이라는 비난은 너무 가혹하고, 억울하다."라는 것이다.

이윤이 줄어들었는데도 막대한 이윤을 거두어 흥청망청 혈세를 낭비한다는 식의 오해까지 받게 돼 억울하다는 게 사업자들의 항변이다. 그리고 2004년 서울특별시와 서울특별시버스운송사업조합이 서로 합의해서 준공영제를 시작할 때의 기본 틀만큼은 유지돼야 하는 것 아니냐고도 말한다. 전체적인 맥락을 보면 이들의 하소연에도 일리가 있다는 것을 알 수 있다.

그러나 현실은 냉혹하다. 내 목소리를 들어주지 않는다고 세상만 탓할 수는 없는 법. 재정지원금의 투명성에 대한 불신이 있다는 것은 사업자들에게 일정한 변화가 필요하다는 것을 보여준다. 억울하다고 항변할 사업자들이 많겠지만 이런 현실을 직시하고 대처하는 것이 지혜다.

'시민의 발'이자 '공공재'인 시내버스 경영의 핵심인 준공영제는 우리 사회에 존재하는 실효적이고 바람직한 거버넌스(Governance) 모델 중의 하나다.

  최근 서울 시내버스와 관련해서 사회적 이슈가 된 사모펀드의 진입 문제는 상당히 예민한 사안이어서 운송사업자와 사업조합 전체에 대한 이미지에 부정적인 영향을 끼쳤다. 대한교통학회의 전문가 델파이조사(2024년 6월)에서 9.2%의 교통전문가들이 준공영제의 가장 큰 문제로 '사모펀드 등 금융지주의 세력 확대로 인한 부작용이나 공공성 훼손 우려'를 지적했고, 급기야 서울시와 서울시장이 나서서 강력한 대응을 하겠다고 천명하기에 이르렀다. 순수 민영이 아닌 준공영제가 가진 공공성과 시민의 세금 투입을 고려할 때 사모펀드 진입은 운수업체 대형화 기여 등 긍정적 측면이 전혀 없는 것은 아니지만 사회적 반감을 일으킬 여지가 충분히 있다고 판단된다. 이 사안을 단순히 '투자'와 '이윤' 개념으로 접근하는 것은 전체를 보지 못하는 단견이라 할 것이다.

  거버넌스에서 기본적으로 요청되는 건 사회적 신뢰이다. 사회적 신뢰의 중요성을 고려할 때, 경영투명성 제고를 위한 사업자들과 사업조합의 노력이 요청된다. 재정지원금의 사용에 대한 시민의 신뢰를 높일 수 있는 대안들을 찾아 실행에 옮기길 강력히 권한다. 필요하다면 사업조합에 외부 인사들로 구성된 청렴옴부즈만을 두거나 경영투명성위원회를 설치하는 것도 고려해 볼 만하다. 이런 움직임은 신뢰 회복의 새싹이 될 수 있다. 그리 쉬운 일은 아니겠지만. 가만히 앉아 세상의 평판과 인식이 저절로 바뀌길 기다리는 것은 현명한 선택이 아니다.

서울 버스에 관한 미신과 사실 9
준공영제 시행으로
시내버스 교통사고가 많이 줄었다?
Fact!!!

　준공영제와 수입금 공동관리제 시행은 교통안전에 커다란 영향을 주었다. 나는 지난 2006년 「서울도시연구」라는 학술지에 〈서울 대중교통체계 개편 전후의 버스사고 비교〉라는 논문을 발표하여 버스 개혁 전후의 시내버스 교통사고를 비교 연구한 바 있다. 이 논문 앞부분을 인용한다.

　"대중교통체계 개편은 대중교통의 안정성, 정시성, 안전성 등에 긍정적인 효과를 미친 것으로 판단된다. 이와 같이 서울시 대중교통체계 개편의 긍정적인 효과가 나타나게 된 것은 서울시의 추진력과 대중교통 이용자의 발빠른 순응에 더불어 버스회사의 운영변화에서 찾아볼 수 있다. 대중교통체계 개편에 따른 버스회사의 운영변화로 인하여 버스회사의 사고율에 영향을 미칠 것으로 판단된다."36)

버스 개혁 개편 전후의 시내버스 교통사고의 변화패턴을 확인하기 위하여 개혁 이전인 2003년 10~12월(3개월)의 자료와 2004년 10~12월(3개월)의 자료를 비교하여 버스사고율, 사상자 수, 사고원인 등을 분석했다.

〈표 33〉 버스 개혁 전후 시내버스 교통사고 비교

연도	사고 건수 (건)	차량당 사고 건수 (건/대)	운전자당 사고 건수 (건/인)	사망사고 (건)	부상사고 (건)	대물 피해 사고(건)
2003	589	0.081	0.037	9	463	117
2004	485	0.067	0.030	6	418	61
변화율(%)	-17.66	-17.22	-19.51	-33.33	-9.72	-47.86

출처: 임삼진 외, 서울 대중교통체계 개편 전후의 버스사고 비교(서울도시연구, 2006)

버스 개혁 전후의 시내버스 사고를 비교한 결과 개편 후 비교 대상인 3개월간 사고 건수는 589건에서 485건

---

36) 임삼진 외, 서울 대중교통체계 개편 전후의 버스사고 비교(서울도시연구, 2006) pp. 1~12

으로 16.97%가 감소했고, 사망사고는 9건에서 6건으로 33.33%, 부상사고는 9.72%, 대물 피해사고는 47.86% 각각 감소했다.

시내버스 대당 사고 발생 건수는 0.081건에서 0.067건으로 17.22% 감소 효과가 나타났으며, 운전자당 사고 건수는 0.037건에서 0.030건으로 19.51% 감소한 것으로 분석되었다.

〈표 34〉 버스 개혁 전후 시내버스 교통사고 발생원인 비교

단위(건)

연도	신호위반	안전불이행	앞지르기위반	보행자보호위반	과속	기타
2003	41	391	22	17	6	112
2004	22	349	7	10	3	94
변화율(%)	-46.3	-10.7	-68.2	-41.2	-50.0	-16.1

출처: 임삼진 외, 서울 대중교통체계 개편 전후의 버스사고 비교(서울도시연구, 2006)

사고 발생 원인은 버스 개혁 이후 중앙버스전용차로 확보 등으로 인하여 앞지르기위반에 따른 사고가 가장 크게 줄어든 것으로 나타났고, 버스의 통행권 확보로 신호위반 및 보행자 보호 위반 사고도 감소했다.

준공영제가 도입되면서 시내버스들 사이의 과도한 경쟁으로 안전에 위협을 주던 상황 자체가 사라졌고, 운송수입금에 대한 압박이 사라지면서 시내버스 운전자들의 심리적인 안정감이 높아진 것으로 풀이할 수 있다.

서울 시내버스 개혁 전후의 교통사고 상세분석은 이 연구가 거의 유일한 것이어서 내용 수정을 거의 하지 않고 그대로 인용했다.

지난 20여 년간 교통사고 감소와 교통안전 증진을 위한 국가적 차원의 노력이 지속되어 왔고, 그런 노력에 힘입어 거의 모든 영역에서 교통사고가 줄었다. 따라서 상황을 객관적으로 보려면 서울 교통사고의 큰 흐름과 시내버스 교통사고를 비교해 보아야 한다.

서울 버스 개혁 이전인 2001년부터 2003년까지의 서울 시내버스 교통사고를 개괄적으로 살펴보면 시내버스 교통사고 건수는 2,199건~3,056건에 달하고 사망자는 41명~49명 규모였다. 버스 개혁이 이루어진 2004년을 거치면서 2005년 이후 시내버스 교통사고 건수는 1,500건 내외로, 사망자 수는 25명~39명 정도로 감소한다.

〈표 35〉 서울 시내버스 교통사고 및 전체 교통사고 추이

연도	서울 시내버스 교통사고				서울 전체 교통사고	
	사고 건수(건)		사망자 수(명)		사고 건수(건)	사망자 수(명)
2001	3,056		41		45,255	507
2002	2,520		49		39,412	509
2003	2,199		46		40,279	504
2004	1,875		31		38,714	468
2005	1,503		34		38,610	485
2006	1,404		25		38,298	452
2007	1,354		28		39,410	452
2008	1,356		39		41,702	482
2009	1,536		38		44,320	501
2010	1,543		32		41,662	429
2011	1,451		17		40,451	435
2012	1,413		27		40,829	424
2013	1,507		26		39,439	378
2014	1,451		39		40,792	400
2015	1,412		22		41,665	376
2016	1,430		21		40,039	348
2017	1,123	*1,388*	16	*18*	38,625	343
2018	1,146	*1,494*	14	*25*	38,795	304
2019	1,181	*1,574*	11	*13*	39,258	250
2020	893	*1,225*	4	*6*	35,227	219
2021	899	*1,213*	11	*14*	33,913	243
2022	1,053	*1,399*	6	*9*	33,698	221
2023	1,232	*1,536*	6	*10*	33,811	180
평균 증감률(%)	-4.0	*-3.1*	-8.4	*-6.2*	-1.3	-4.6

* 2016~2023 이탤릭체 부분은 시내버스 교통사고와 마을버스 교통사고를 합친 것임.
출처: 2001~2004, 도로교통공단, 지역별 교통사고통계 보고서, 각 연도별
2005~2023, 도로교통공단 교통사고분석시스템

〈표 35〉의 서울 시내버스 교통사고는 2017년~2023년 통계는 두 개의 수치가 담겨있다. 이탤릭체로 된 수치가 약간 더 많은데 마을버스 통계를 합친 수치이기 때문이다.37)

〈표 35〉에서 볼 수 있듯이 2001년과 2023년을 비교하면 경찰 DB 상 서울 시내버스 교통사고 건수는 연평균 4.0%, 사망자 수는 연평균 8.4% 감소했지만, 마을버스 통계를 합친 시내버스 교통사고 건수는 연평균 3.1%, 사망자 수는 연평균 6.1% 감소했다. 후자가 더 객관적인 전후(Before-After) 비교자료라고 판단된다.

2001년부터 2023년 사이에 서울의 전체 교통사고도 꾸준히 감소했는데, 교통사고 건수는 연평균 1.3%, 사망자 수는 연평균 4.6% 감소했다. 서울의 전체 교통사고와 시내버스 교통사고를 비교해도 시내버스의 교통사고 감소율이 훨씬 높다는 것을 확인할 수 있다.

---

37) 자료의 분석 과정에서 어려움이 있었는데, 도로교통공단 DB 상에 나타난 2017년 교통사고 건수가 지나치게 급격하게 줄어들어서 수치들을 상세히 검증해 보니 이때부터 마을버스 교통사고 통계가 별도 DB로 구분되어 있음을 확인할 수 있었다. 도로교통공단이나 경찰 DB에 공식적인 설명은 없지만, 2016년 이전의 시내버스 교통사고 통계에는 마을버스가 포함된 것으로 보는 것이 타당한 것으로 보인다.

〈그림 51〉 서울 시내버스 교통사고 사망자 추이(2001~2023)

 버스 개혁 직후인 2004년 12월 한국brt자동차 소속 운행사원 381명(유효표본 344명)을 대상으로 행한 설문조사38)에서 버스 개혁 이후 교통사고의 감소 원인이 무엇이냐는 질문에 대한 응답은 시사적이다.
 가장 주된 원인으로 꼽힌 것은 '준공영제 시행으로 과도한 경쟁의 완화'였다. 응답자의 38.9%가 이것을 선택했는데, 버스 개혁 이전의 시내버스들 사이의 경쟁이 얼마나 심했고 안전운행을 저해했는지를 보여준다. 이 밖에도 운전기사들은 '중앙버스전용차로의 시행으로 버스 운행 공간 확보'(24.4%), '회사와 운행사원의 인식 변

---

38) 한국brt자동차(주)·한양대학교, 시내버스 운행사원 설문조사 최종보고서, 2005. 3.

화'(9.6%), '임금인상 등 근로조건의 개선'(8.7%), '버스 개혁으로 시내버스 이미지의 개선'(6.1%)의 순으로 교통사고 감소 원인을 꼽았다.

이상에서 확인한 바와 같이 버스 개혁과 준공영제 시행은 서울 시내버스 교통안전 증진에 크게 이바지했다.

서울 버스에 관한 미신과 사실 10
버스 준공영제로 교통복지의 실현이 가능해졌다?

Fact!!!

서울 버스 개혁(여기서는 서울 대중교통 개혁이라는 표현이 더 적절해 보인다)의 핵심 중의 핵심은 '통합 환승요금 제도'의 실현이었다. 이것은 시민들의 숙원 사항이었고, 나를 포함한 여러 전문가나 시민사회 대표들이 오래전부터 강력히 주장해 온 것이었다.

서울 버스 개혁 이전에는 솔직히 '교통복지'라고 할만한 게 거의 없었다. 대중교통 분야에서 시민들이 누리는 권리는 65세 이상의 어르신들에게 지하철 무임승차를 가능하게 하는 정도가 전부였다. 요즈음 표현으로 '보편적 복지'라고 부를 수 있는 것은 거의 없었다.

나는 서울 버스 개혁은 진정한 교통복지의 시작이고, 대중교통 분야에서 교통 정의가 실현된 최초의 사례라고 확신한다.

 교통 정의론에서 무엇보다 중요한 것은 대중교통을 보는 시각이다. 존 롤스(John B. Rawls)의 정의론에 따르면 '사회의 모든 가치, 즉 자유와 기회, 소득과 부, 인간적 존엄성 등은 기본적으로 평등하게 배분되어야 한다. 다만 가치의 불평등한 배분은 그것이 사회의 최소수혜자에게 유리한 경우에만 정의롭다.'라는 것이다. 교통에서 최소수혜자에게 유리한 우선 배려의 원칙을 교통에 적용한다면 '보행자-자전거 이용자-대중교통 이용자-자가용 이용자' 순으로 우선순위를 매겨야 한다. 마지막으로 자가용 이용자를 생각해야 한다는 것이 발상의 전환에 담긴 핵심이다.

 잠시 우리들 개개인의 생각, 또 도시나 국가의 교통정책이 어떻게 전개되고 있는지 생각해 보자. 거꾸로 아닌가. 특히 대중교통에 대한 투자는 뒷전이고, 자가용 승용차를 위한 도로와 주차시설 등 사회기반시설(사회간접자본 Social Overhead Capital)에 대해서는 아낌없이 이루어지는 게 현실이다. 나는 한 언론매체와의 인터뷰에서 이런 상황을 오죽하면 '고목 나무와 매미'에 비유한 적이 있다. 대중교통에 대한 투자가 너무 적은 것을 비판한 것이다.

우리가 교통을 보는 기본적인 시각과 마인드를 바꿔야 한다. SOC 확충도 사회 발전을 위해 꼭 필요하지만, 일상을 살아가는 시민들이 누리는 최소한의 삶의 질을 보장(Civil Minimum, 시민 최저선)하기 위해서는 적정 수준의 대중교통 투자가 반드시 이루어져야 한다. 대중교통에 대한 투자는 결코 낭비가 아니다. 적정 투자가 이루어져야 시민의 교통수단이 제대로 운영될 수 있고, 서비스 수준도 유지할 수 있다.

나는 서울 버스 개혁의 핵심인 준공영제의 실현은 대중교통에 대해 이런 적정 투자가 이루어진 획기적 변화를 상징한다고 본다. 이전까지의 대중교통 투자와는 결을 완전히 달리하는 새로운 차원의 변화가 일어났기 때문이다.

대중교통 개혁에 대한 시민들의 높은 지지는 서울 버스 개혁에 성공한 이명박 시장이 그 성공을 바탕으로 상당히 큰 차이로 대통령 선거에 당선되었다는 역사적 사실에서 확인된다. 그 이상 어떤 증거가 필요할까?

나는 지난 1997년 〈녹색평론〉이라는 생태 전문 격월

간지에 이와 관련하여 대중교통 우대정책의 필요성을 역설한 바 있다. 버스 개혁 이전에 발표한 글이고, 내용이 약간 길지만 대중교통 우대에 관한 중요한 인식이 담겨 있다고 판단돼 거의 그대로 인용한다.

"일반 시민들의 대중교통 우대에 대한 지지도는 대단히 높다. 이것은 우리나라에만 예외적인 것이 아니고 세계적으로 나타나는 일반적인 현상이다. 그런데 교통 문제의 해결방안에 대한 시민들과 행정가들의 인식 차이는 세계 어느 곳에서나 나타나는 일반적인 현상이다.

국제대중교통협회(International Union of Public Transport)와 유럽공동체 위원회(Commission of the European Communities)가 지난 1991년 유럽지역에 거주하는 시민 14,000명과 160명의 정치지도자를 대상으로 실시한 교통 문제에 관한 여론조사 결과는 상당히 흥미롭다.

예를 들면 정치지도자의 85%는 승용차보다 대중교통에 우선권이 주어져야 한다고 보는데, 정치인들은 주민들의 49%만이 그런 생각을 갖고 있을 것이라고 인식하고 있다. 많은 행정가는 막연히 시민들이 자가용 승용차를 선호할 것이라는 생각에 빠져 있다. 정치가들은 시민들의 47%가 자동차 교통이 억제돼야 한다는 주장을 지지할 것으로 추정했지만, 실제 그런 생각을 지지한 주민의 비율은 71%에 달했다."39)

〈그림 52〉 자동차 천만대 시대를 다룬 '녹색평론' 표지

---

39) 임삼진, 자동차에 관한 미신들, 녹색평론 1997년 9·10월호

시민들은 대중교통 위주로의 과감한 정책 전환을 바라고 있지만, 정치인이나 행정가들의 '착각'으로 자동차 억제와 대중교통 지원이 이루어지지 않고 있는 것으로 볼 수 있다. 정치인들과 행정가들은 교통정책을 결정할 때, 다수 시민이 자가용 억제와 대중교통 우대정책을 더 강하게 지지하고 있다는 것을 고려하길 바란다. 또한, 시내버스에 대한 재정지원금이 너무 많은 게 아니냐고 생각하시는 분들께서는 도로에 대한 투자가 얼마나 엄청난 규모인지를 한번 찾아보고 비교해 보시길 권한다.

이런 이론적 배경을 전제로 하면 준공영제의 시행 자체가 대중교통 투자의 확대로 교통 정의의 실현에 이바지하면서, 결과적으로 시민들이 누리는 교통부문의 보편적 복지를 실현하는 계기를 만든 것으로 볼 수 있다.

서울 버스 개혁에 대한 시민들의 지지도 이런 교통복지의 실현과 깊은 관련이 있다. 나는 지난 2004년 7월 버스 개혁이 이루어진 뒤 시민 설문조사를 통해 이런 사실을 확인한 바 있다. 2005년 3월 한국brt자동차(주) 소속 6개 시내버스 노선(100, 140, 360, 400, 471, 701) 이용 시민 570명을 대상으로 실시한 설문조사에서 '시내버스 개편에서 가장 좋은 점'을 물었다.[40]

응답 결과는 '환승 요금 할인'이 55.6%로 가장 높은 비율을 차지했고, '중앙버스전용차로 시행'이 27.2%로 다음으로 높게 평가되었다. '노선의 전면개편'(3.7%), '서비스 개선'(3.2%), 운행사원 처우 개선(0.9%) 등이 뒤를 이었다. 이 조사를 통해 시내버스 이용객들은 '환승 요금 할인'과 '중앙버스전용차로 시행'을 버스 개혁의 가장 좋은 요소로 인식하고 있는 것으로 나타났다. 교통복지 증진과 시내버스 우대정책이 시민들의 지지와 평가를 받았다는 것을 알 수 있다.

실제로 지하철-버스 통합환승요금제의 시행과 버스-버스 환승할인제도는 버스 이용 시민에게 교통비 절감과 더불어 편리성을 획기적으로 높이는 일대 혁신이었다.

시민들의 이런 인식은 버스 개혁에 관한 전문가들의 견해에서도 확인된다. 대한교통학회의 교통전문가 델파이 조사(2024년 6월)에서 '2004년 서울 시내버스 개혁 성공의 핵심 요소'를 물었다.

교통전문가 50명(1명 복수 응답, N=51)은 버스 개혁 성공의 핵심 요소로 '지하철-시내버스 통합환승요금제도

---

40) 한국brt자동차(주)·한양대학교, 시내버스 이용 시민 설문조사 최종보고서, 2005. 4.

시행'(39.2%), '준공영제 도입과 최소수익을 보장하는 서울시의 재정지원 정책'(21.5%), '버스체계 및 노선 개편 등 버스 개혁을 위한 종합적인 방안 마련'(15.6%), '중앙버스전용차로제 시행 BRT 시스템 도입 등으로 정시성 확보'(9.8%), '서울시, 사업자, 시민, 전문가의 원활한 소통과 사회적 합의 도출(버스 Governance)'(9.8%), '서울시의 강력한 추진력과 리더십'(3.9%) 순으로 꼽았다. 제시된 여러 요소가 다 중요하지만 '지하철-시내버스 통합환승요금제도 시행'이 가장 중요한 핵심 요소로 인식되고 있다.

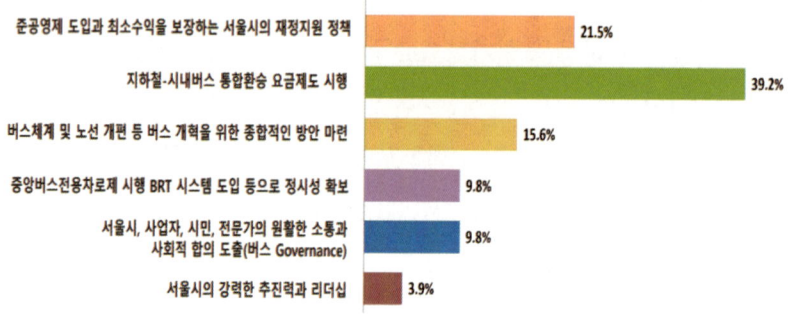

출처: 서울 시내버스 발전방안에 관한 전문가 델파이 조사, 대한교통학회, 2024. 06.
〈그림 53〉 '버스 개혁 성공의 핵심 요소' 전문가 응답

지하철-시내버스 통합환승요금제도나 버스-버스 환승할인제도의 교통복지 효과는 실제로 대중교통을 이용하는 시민들의 교통 패턴을 이해하면 그 중요성이 얼마나 큰지를 확인할 수 있다.

대한교통학회가 서울시민 2,500명을 대상으로 실시한 설문조사(2024년 6월)에서 시민들의 주 교통수단은 시내버스 38.0%, 지하철 47.1%, 자가용 승용차 13.1%, 택시 0.7%, 기타 1.1%였다. 시민들의 '환승 교통수단'에 대한 응답은 지하철 61.8%, 타 시내버스 21.6%, 마을버스 9.6%, 환승 안함 7.0%였다. 절대다수의 시민들이 지하철-시내버스, 시내버스-시내버스 환승을 형태로 대중교통을 이용하고 있음을 보여준다. '환승 안함'이라는 응답이 7.0%라는 사실에 새삼 주목하게 된다.

지하철-시내버스 통합환승할인요금제는 혁명이라고 할 수 있는 획기적인 변화다. 하지만 시내버스-시내버스 환승의 의미도 적지 않다는 게 내 생각이다. 시내버스-시내버스 환승할인은 버스 이용객에게 사실상 노선의 신설이나 추가 배차와 거의 같은 의미일 수 있기 때문이다.

2004년 7월 서울 버스와 수도권 전철 간 통합환승할인제로 시작된 수도권 통합환승할인요금제도는 점차 확대되어, 현재는 수도권 대중교통 요금을 통합하여 대중교통 이용 수단과 관계없이 이용 거리에 비례하여 요금을 부과하고 있다. 환승할인액은 할인 제도의 점진적 확대 시행으로 증가했으나, 2020년 팬데믹으로 인한 수송 인원의 감소에 따라 줄어들었다가 이후 수송 인원이 증가하면서 다시 늘어나는 상황이다.

수도권 통합환승할인제도와 더불어 어린이와 청소년을 대상으로 일정 요금을 할인하고 있고, 오전 6시 30분 이전 첫 승차를 하는 대중교통의 요금을 할인하는 조조할인도 시행 중이다. 어린이 요금 할인은 만 6세 이상~만 13세 미만(또는 초등학생)을 대상으로 교통카드 구입 후 티머니 홈페이지에서 어린이로 등록 후 사용이 가능하다. 청소년 요금 할인은 만 13세 이상~만 18세 이하(또는 초중등교육법에 따른 중·고등학교 등에 재학 중인 18세 초과 24세 이하인 청소년)을 대상으로 교통카드 구입 후 티머니 홈페이지에서 청소년으로 등록 후 사용이 가능하다. 조조할인은 교통카드를 이용하여 오전 6시 30분 이전 첫 승차를 하는 경우 대중교통 요금에서 일반·청소년·어린이 모두 20% 할인을 적용한다. 조조할인 및 청소년·어린이 요금 할인액은 시행 이후 점차 감소하는 추세를 보였으며, 2020년 팬데믹으로 인한 승객수 감소에 따라 크게 줄었으나, 이후 점차 증가하여 팬데믹 이전 수준으로 빠르게 회복 중이다.

〈표 36〉 서울 시내버스 환승할인액 및 청소년 등 할인액

단위(억 원)

연도	환승할인액	조조할인액	청소년할인액	어린이할인액	합계
2004	1,289.0				1,289.0
2005	3,072.0				3,072.0
2006	3,295.0				3,295.0
2007	3,713.0				3,713.0
2008	4,032.7				4,032.7
2009	4,045.1				4,045.1
2010	4,056.6				4,056.6
2011	4,122.2				4,122.2
2012	4,624.3				4,624.3
2013	4,676.3				4,676.3
2014	4,706.3				4,706.3
2015	4,823.3	55.5	325.2	-	5,204.0
2016	4,912.3	107.7	602.5	202.2	5,824.7
2017	4,780.9	105.1	554.1	210.0	5,650.1
2018	4,608.9	100.8	479.8	212.4	5,401.9
2019	4,579.2	100.8	420.0	231.4	5,331.4
2020	3,652.7	80.1	233.2	137.0	4,103.0
2021	3,570.0	82.9	256.6	171.5	4,081.0
2022	3,852.0	87.5	313.1	228.8	4,481.4

출처: 서울특별시버스운송사업조합

2022년 기준 환승할인액은 3,852억 원이며, 조조·청소년·어린이 할인 총액 629.4억 원을 포함한 '교통복지 할인'이라고 표현할 수 있는 할인 총액은 4,481.4억 원에 달한다. 코로나 팬데믹 이전에는 이 금액이 5,824.7억 원에 이른 적도 있다(2016년).

이 환승할인액을 사업자들은 '환승 손실금'이라고 부른다. 버스 이용 시민 편에서는 편익이지만, 사업자들에게는 그것이 결과적으로 재정지원금 증가를 부르는 원인으로 작용하기 때문이다. 무엇이라고 부르든 이런 억지 상황은 분명 개선이 필요해 보인다. 앞에서 우리는 영국에서 시행되고 있는 '양허통행환급금'을 살펴보았다. 처음 들었을 때는 낯설지만 '양허통행(Concessionary Travel)' 얼마나 품격 있고 깊은 배려가 느껴지는 표현인가. 이런 제도의 도입으로 재정지원금의 증가가 자연스럽게 설명될 수 있다면 그 자체가 얼마나 멋진 행정시스템의 도약일까.

준공영제의 교통복지 증진 효과는 대중교통 취약지역이라고 부를 수 있는 서울 시내 곳곳에 노선을 신설하거나 배차 확대가 이루어졌다는 점도 빼놓을 수 없는 중요한 부분이다.

준공영제 이전의 민영 운영체계에서는 버스업체가 수익성을 극대화하기 위해 특정 노선 개발에 집중함에 따라 비수익 노선 지역의 시민 교통권이 제대로 실현될 수 없었다. 혼잡지역에 노선 밀집 현상 가중되었고, 황금노선 확보를 위한 사활을 건 로비 등 다양한 문제가 발생했다.

노선에 사업의 명운이 걸린 사업자들의 집중로비를 받아 서울시 공무원들이 잇따라 구속되기도 했다. 노선에 의해 업체의 생존이 좌우되는 상황이었으니 사업자들의 죽기살기식 로비에 공무원들이 넘어가지 않을 수 없는 해괴한 상황이 전개되었다.

오죽하면 이 문제 해결을 위해 '버스 사업 노선 조정에 따른 사업자 간 극심한 이해대립으로 인한 행정 낭비와 공무원 뇌물 사건 발생을 막기 위하여' 1996년 서울시내버스노선조정위원회가 만들어지기도 했다. 이 위원회를 만들기 위해 노력했던 나는 버스 노선 조정에 따른 갈등 조정을 위해 각계가 참여하는 거버넌스 기구를 대안으로 제시했고 그것이 받아들여졌다. 이 위원회에는 공무원, 학계 및 전문가, 교통 단체 및 소비자 단체대표,

시의원, 언론인, 업계 대표, 노조 대표 등이 위원으로 참여했고, 노선을 둘러싼 갈등 요인에 대한 철저한 사전 준비와 분석을 토대로 했고, 청문제도를 활용했다. 결정권한을 담당 공무원이 아닌 위원회가 가지게 했고, 전문가의 참여와 판단이 주된 역할을 하도록 함으로써 갈등을 최소화하는 데 이바지했다.[41]

프롤로그에서 언급한 바와 같이 버스 개혁 이전에는 수입금 확보가 어렵고 돈 안 되는 노선은 운행을 맘대로 줄이거나 없애고 수입이 보장되는 노선은 버스를 임의로 늘려서 운행하는 황당한 일도 적지 않게 발생했다. 노선 사유화의 폐해로 인한 시민 불편이 다반사였다. 버스 개혁은 이런 상황을 근본적으로 바꿨다.

버스 개혁 이후에는 업체 간의 운송수입금 통합관리제가 시행됨에 따라 황금노선을 둘러싼 업체 간 무한경쟁은 근본적으로 사라졌고, 비수익 취약지역에도 다양한 노선이 새롭게 만들어졌다. 〈표 37〉에 정리되어 있듯이 버스 개혁 이전과 이후에는 노선 수가 크게 달라졌고,

---

[41] 1996년에 설치된 서울버스노선조정위원회의 활동과 구성 전후의 상황 변화에 대해서는 다음 자료가 도움이 될 것이다: 임삼진·권영종·강상욱(2009. 10.) 〈교통부문 사회적 갈등 실태와 과제〉, 한국교통연구원.

서울 지역 곳곳에 실핏줄처럼 촘촘히 버스 노선이 확충되었다. 이렇게 버스 노선망과 정류장이 서울 지역 곳곳에 갖춰졌기 때문에 서울의 버스 수송 분담률이 다른 어떤 글로벌 도시들보다 높게 유지되고 있다. 준공영제의 도입이 없었다면 서울의 버스 노선체계가 무너졌고, 대중교통 중심의 교통체계는 꿈도 꿀 수 없었을 것이다. 준공영제의 도입으로 사유화되어 있던 버스 노선 운영에 대한 권리를 시가 갖게 된 것도 큰 변화다. 서울시는 언제든지 마음만 먹으면 시민들을 위한 노선 개편을 추진할 수 있게 된 것이다.

〈표 37〉 버스 개혁 전후 노선 수 및 운행 대수 비교

버스 개혁 이전			버스 개혁 이후		
구분	노선 수	운행 대수	구분	노선 수	운행 대수
도시형	255	6,623	간선	90	2,860
좌석	46	965	지선	285	4,330
			광역	39	754
지역순환	66	559	순환	5	40
합계	367	8,147	합계	419	7,984

출처: 서울특별시(2004. 06. 16.), 서울 버스체계개편 방향

지금까지 살펴본 바와 같이 시내버스 준공영제는 서울의 교통복지를 말할 수 있는 첫 계기를 만들었다고 해도 과언이 아니다. 일부 특정한 집단이 아닌 거의 모든 시민이 수혜자가 된 보편적 복지가 실현된 것이다.

서울 버스에 관한 미신과 사실 11
서울 버스 수송 분담률이 승용차보다 낮아진 것은 코로나 팬데믹 때다?

Myth!!!

서울의 승용차 수송 분담률이 시내버스를 앞선 데드 크로스(Dead Cross)가 나타난 것은 2018년이다.

Fact!

2004년 버스 개혁으로 이루어진 도시교통의 변화는 참으로 놀라웠다. 자가용 승용차의 현저한 감소, 특히 도심 교통량의 9.1% 감소와 시내버스 이용자 13.3% 증가와 지하철 이용자 10.6% 증가는 도시교통정책이 지향하는 최상의 목표를 달성한 것이다. 이 지표들은 서울이라는 거대도시에서 지속가능한 교통 전략의 실현 가능성을 보여주었다. 이런 변화가 일어난 교통 개혁 사례는 세계적으로도 드문 사례일 것이다. 이 변화가 더 뜻깊은 것은 그 이전까지의 서울의 교통 패턴은 한결같이 자가용 승용차 이용은 꾸준히 늘어나고, 대중교통 이용자는 꾸준히 줄어드는 자동차 대중화(Motorization)의 악순환을 마감했기 때문이다.

〈표 38〉 버스 개혁 전후 교통량 및 대중교통 이용 변화

구분	2003년 9월	2004년 10월	변화율 (%)
1일 평균 교통량(만대)	855.3	807.6	-5.9
도심 1일 평균 교통량(만대)	125.3	113.9	-9.1
간선도로 1일 평균 교통량(만대)	289	271.2	-6.3
지하철 1일 평균 이용자(만명)	426.3	471.51	10.6
시내버스 1일 평균 이용자(만명)	480	544	13.3

출처: 임삼진(2007. 04), 서울 대중교통 개혁의 성과, 교통안전공단 2007년 직무교육 자료집 p.351

이런 긍정적 변화는 교통수단별 수송 분담률에서 시내버스가 자가용 승용차를 앞지르는 골든 크로스(Golden Cross)로 표출되기에 이른다. 내가 이것을 골든 크로스라고 부르는 것은 자가용 승용차는 지구환경이나 도로교통에 미치는 부정적 영향 때문에 녹색 교통(Green Transport)의 대칭인 적색 교통수단으로 분류되기 때문이다.

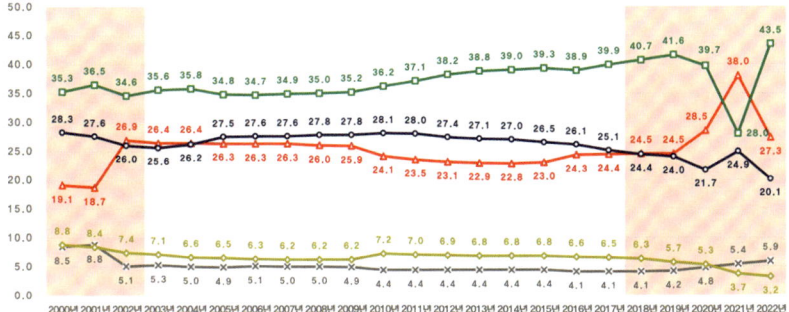

출처: 서울특별시, 「서울통계연보」
〈그림 54〉 서울 교통수단별 수송 분담률 추이

버스 개혁이 이루어진 2004년을 지나면서 〈그림 54〉에서 빨간색으로 표현된 자가용 승용차의 수송 분담률이 낮아지고, 시내버스의 수송 분담률이 높아지는 역전 현상이 나타났다. 그 추세는 15년 가까이 이어졌다. 〈그림 54〉의 상세 데이터를 〈표 39〉로 덧붙인다.

서울의 승용차 수송 분담률은 22.8%(2014년)까지 낮아졌다가 다시 높아지기 시작하여 승용차 분담률이 시내버스를 앞선 '데드 크로스(Dead Cross)'가 나타난 것은 2018년이다. 적색 교통수단이 녹색 교통수단을 다시 앞지르는 현상이 나타났기에 이것을 나는 골든 크로스의

서울 버스에 관한 미신과 사실 **189**

반대 의미인 '데드 크로스'라고 부른다.

〈표 39〉 서울시 교통수단별 수송 분담률(2000년~2022년)

연도	승용차	버스	도시철도	택시	기타
2000	19.1	*28.3*	35.3	8.8	8.5
2001	18.7	*27.6*	36.5	8.4	8.8
2002	*26.9*	26.0	34.6	7.4	5.1
2003	*26.4*	25.6	35.6	7.1	5.3
2004	*26.4*	26.2	35.8	6.6	5.0
2005	26.3	*27.5*	34.8	6.5	4.9
2006	26.3	*27.6*	34.7	6.3	5.1
2007	26.3	*27.6*	34.9	6.2	5.0
2008	26.0	*27.8*	35.0	6.2	5.0
2009	25.9	*27.8*	35.2	6.2	4.9
2010	24.1	*28.1*	36.2	7.2	4.4
2011	23.5	*28.0*	37.1	7.0	4.4
2012	23.1	*27.4*	38.2	6.9	4.4
2013	22.9	*27.1*	38.8	6.8	4.4
2014	22.8	*27.0*	39.0	6.8	4.4
2015	23.0	*26.5*	39.3	6.8	4.4
2016	24.3	*26.1*	38.9	6.6	4.1
2017	24.4	*25.1*	39.9	6.5	4.1
2018	*24.5*	24.4	40.7	6.3	4.1
2019	*24.5*	24.0	41.6	5.7	4.2
2020	*28.5*	21.7	39.7	5.3	4.8
2021	*38.0*	24.9	28.0	3.7	5.4
2022	*27.3*	20.1	43.5	3.2	5.9

출처: 서울특별시, 「서울통계연보」

이렇게 시내버스 수송 분담률이 점차 낮아지고 승용차 이용 늘어나는 상황에서 코로나 팬데믹이 발발하면서 자가용 승용차 이용은 폭발적으로 증가하게 된다.

이해를 돕기 위해 〈표 39〉에서는 자가용 승용차와 시내버스 가운데 더 수송 분담률이 높은 시기를 굵은 이탤릭 글씨체를 사용했다. 2004년 버스 개혁 이후 버스 수송 분담률이 버스보다 높아졌다가 2018년 다시 승용차 수송 분담률이 낮아지는 흐름을 볼 수 있다.

2018년(혹은 자가용 승용차 수송 분담률이 크게 높아진 2016년) 버스 개혁의 공든 탑이 위기에 처하고, 도시교통 전반이 바람직하지 않은 방향으로 전개되는 상황에서 서울시나 전문가, 버스업계가 어떤 노력을 기울여 왔는지 의문이다. 아니면 이 문제를 풀고자 노력했는데 나만 모르는 것일까? 이런 상황을 알았든 알지 못했든 서울시장과 교통행정 담당자들이 대오각성해야 한다는 게 내 생각이다.

서울시민의 일상에서 중요한 부분을 차지하는 교통 영역에서 어두운 그림자가 짙게 드리워졌는데 그걸 모른 채 몇 년을 보내고 있다면 그들이 말하는 '민생'이나 '삶의 질 개선'에서 어떤 진정성을 느낄 수 있을까? 구호가 아닌 진심으로 시민의 삶을 개선하는 서울시 행정을 기대하는 건 나의 욕심일까?

 이렇듯 서울 버스 수송 분담률이 승용차보다 낮아진 것은 코로나 팬데믹 때가 아니라, 2018년이다. 팬데믹 이후 이 현상이 가속화됐을 뿐이다.

서울 버스에 관한 미신과 사실 12
서울 버스 서비스 만족도는 지하철 만족도보다 낮다?

Myth!!!

2023년 서울 버스 서비스 만족도는 지하철 만족도보다 높다.

Fact!

2023년 서울특별시의 교통수단 이용 만족도 조사에서 버스 만족도는 7.03점으로 지하철 만족도(7.00점)보다 높은 것으로 나타났다.

시내버스 만족도가 지하철 만족도를 이렇게 앞선 게 처음은 아니다. 딱 한 차례 2016년에도 그랬다. 그동안 시내버스 만족도는 지하철 대비 낮은 수준을 지속해 왔으나, 2023년에는 지하철보다 더 높다는 조사 결과가 나온 것이다.

<표 40> 서울 교통수단 이용 만족도(2003년~2023년)

연도	버스	지하철	택시
2003	5.00	6.00	5.00
2004	4.85	6.08	4.96
2005	5.61	6.26	4.70
2006	5.66	6.30	4.83
2007	6.00	6.33	4.92
2008	6.00	6.30	5.14
2009	6.19	6.52	5.27
2010	6.16	6.71	5.67
2011	6.28	6.79	5.61
2012	6.58	6.81	5.54
2013	6.67	7.03	5.50
2014	6.78	6.95	5.70
2015	6.88	7.01	5.88
2016	6.86	6.71	5.60
2017	-	-	-
2018	6.91	7.06	5.83
2019	7.11	7.25	5.77
2020	7.20	7.30	5.86
2021	7.27	7.38	5.99
2022	7.27	7.41	5.79
2023	7.03	7.00	6.10

출처: 서울특별시, 서울서베이

 2004년 버스 개혁 이전 서울 버스의 만족도는 4.85점이었는데, 당시 지하철은 만족도가 무려 6.02점이었다. 〈표 40〉이나 〈그림 55〉에서 확인할 수 있듯이 시내버스 만족도는 2022년 7.27점까지 꾸준한 상승 추세를 보였다. 버스 개혁의 성과를 확인할 수 있는 통계다.

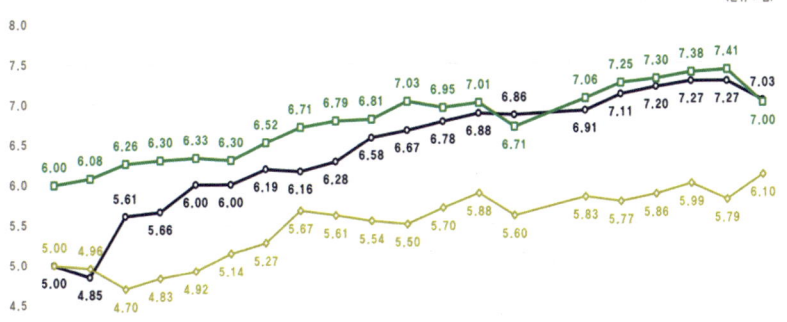

출처: 서울특별시, 서울서베이
〈그림 55〉 서울 교통수단 이용 만족도 추이

그런데 이 통계에서 주목할 것은 2022년까지 꾸준한 상승세를 보이던 버스 만족도가 7.27점(2021년, 2022년)에서 7.03점으로 크게 하락했다는 점이다. 이 부분은 서울시와 버스운송사업조합이 주의 깊게 살펴봐야 한다. 만족도 하락의 원인을 제대로 진단하고 개선방안을 마련해야 할 것이다.

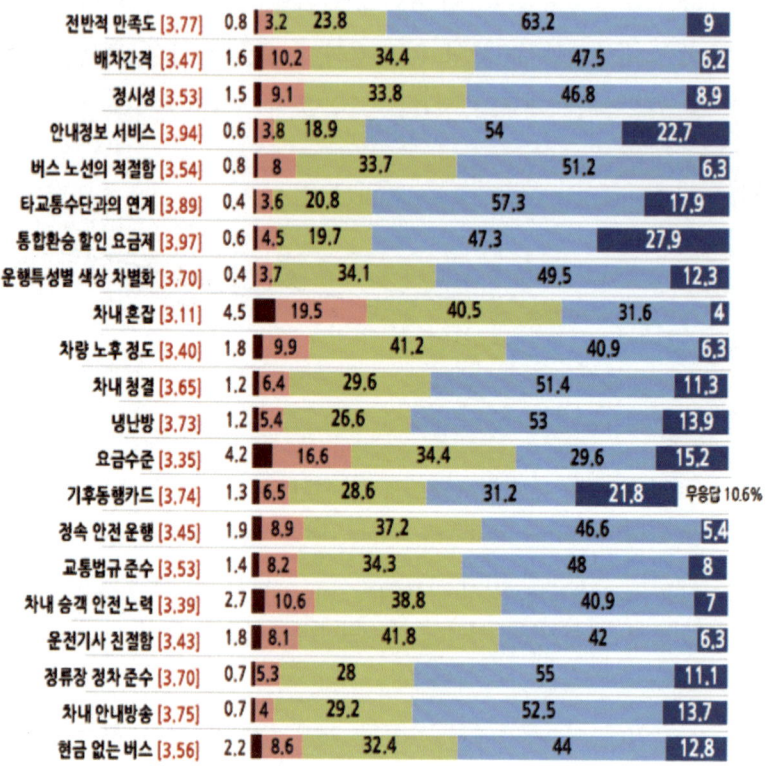

출처: Kstat 시내버스 이용 시민 만족도 조사(2024. 06)
〈그림 56〉 서울 시내버스 이용 시민 만족도

〈그림 56〉은 2024년 6월 대한교통학회가 서울시민

2,500명에게 실시한 〈시내버스 이용 시민 만족도 조사〉 결과를 모아서 정리한 것이다.

서울 시내버스 서비스 수준을 높이려면 Likert 5점 척도를 활용한 이 만족도 조사에서 시내버스에 대한 전반적 만족도 3.77보다 현저하게 낮게 조사된 항목들이 어떤 것들인지 관심을 두고 개선 노력을 기울여야 할 것이다.

이 조사에서 상대적으로 낮은 점수를 받은 항목은 '차내 혼잡'(3.11/5.0), '요금 수준'(3.35/5.0), '차내 승객 안전 확보 노력'(3.39/5.0), '차량 노후 정도'(3.40/5.0), '정속 안전 운행'(3.45/5.0), '배차간격'(3.47/5.0) 등이다.

물론 이들 항목 가운데는 개선이 쉽지 않은 것도 있지만 '차내 승객 안전 확보 노력'과 같이 조금만 신경을 쓰면 개선할 수 있는 것들도 있다. 정책 방향을 정할 때는 현재 시점에서의 시민 인식이 어떤가를 고려할 필요가 있다고 본다. 낮은 평가가 나타나는 상황에서 그것을 더 나쁘게 만드는 방향으로 정책을 추진한다면 시민들의 불만이 커지게 되고 그것은 결국 시민들이 대중교통에 등을 돌리게 하는 결과를 초래할 수 있기 때문이다.

버스와 지하철이 통합환승요금제로 서로 연결되어 있고, 시민들의 대중교통 이용이 대부분 환승을 통해 이루어지고 있음을 고려할 때 시내버스 서비스와 지하철 서비스를 함께 높일 방안들을 찾고 이를 실행에 옮겨나가야 한다고 본다.

25개 글로벌 도시의 교통 시스템을 비교 분석한 맥킨지 컨설팅의 2021년 보고서에 나오는 대중교통 만족도 조사 결과는 흥미롭다.[42]

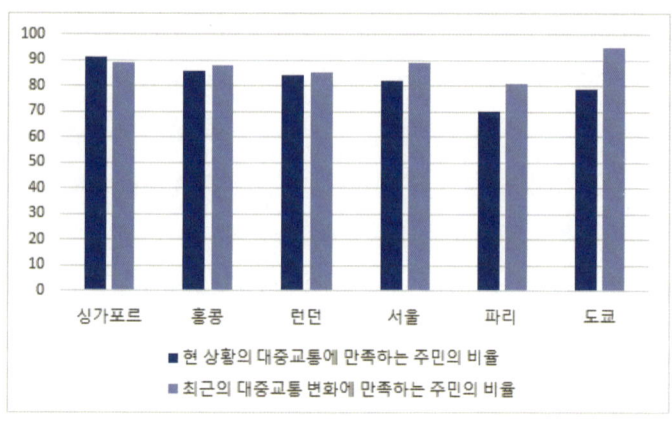

〈그림 57〉 대중교통에 만족하는 주민의 비율 조사 결과

---

[42] McKinsey & Company, Urban transportation systems of 25 global cities, July 2021.

이 보고서의 부록에 나오는 통계에 따르면 '현 상황의 대중교통에 만족하는 주민의 비율'은 싱가포르 91%, 홍콩 86%, 런던 84%, 서울 82%, 파리 70%, 도쿄 79%이다. '최근의 대중교통 변화에 만족하는 주민의 비율'은 싱가포르 89%, 홍콩 88%, 런던 85%, 서울 89%, 파리 81%, 도쿄 95%이다. 서울의 성적이 최상이라고 할 수는 없지만 준수한 편이다. 〈그림 57〉은 이 보고서에 나오는 통계를 재구성한 것이다.

나는 오래전부터 대중교통은 '서민의 교통수단'이 아니라 '시민의 교통수단'임을 강조해 왔다. 어떤 이유로든 대중교통을 선택한 시민의 선택과 자긍심은 존중되어야 한다. 이런 면에서 대중교통 서비스 증진을 위한 노력은 이어져야 하고, 더 강화되어야 한다.

자가용 승용차를 보유한 시민들이 대중교통을 이용할 기회를 가졌을 때 등을 돌리고 외면하게 만들어서는 안 된다. 오히려 '이런 매력이 있네.' '와~ 대중교통도 탈만 하네. 더 빠르고 쾌적하네.'라고 느낄 수 있어야 한다. 특히 기후위기 시대에는 대중교통이 가진 중요성이 더 강조된다. 대중교통 이용은 도시에 사는 시민들이 실천에 옮길 수 있는 몇 안 되는 친환경 행동 중 하나다. 대중교통 서비스 증진을 외면하거나 악화시키는 것은 대중교통을 선택한 시민들을 다시 자가용 승용차로 내모는 것과 다름없다는 것을 정책 결정자들은 유념해야 한다.

서울 시내버스 서비스 만족도는 지하철 서비스 만족도에 버금가는 수준으로 발전했다. 최근에 서울시가 도입한 스마트 쉼터 정류장처럼 지속적인 대안 모색과 실천이 이루어지길 기대한다.

서울 버스에 관한 미신과 사실 13
버스 거버넌스,
전보다 오히려 후퇴했다?
Fact!!

[1] 버스 개혁 이전 시기의 버스 거버넌스

서울의 버스 개혁과 시내버스 준공영제 정책은 그 초기 단계부터 버스 정책 거버넌스(Governance)의 역동성이 작동했고, 이 거버넌스는 개혁 과정에서 상당히 중요한 역할을 담당했다. 〈그림 58〉에 정리되어 있는 서울시의 정책아카이브에는 준공영제 도입 과정에서 서울시와 시민사회의 상호 연결을 기록하고 있다.

〈그림 58〉에서 맨 위에 자리한 1995년 시내버스 전용차로 내실화를 위한 정책공청회는 녹색교통운동이라는 시민단체가 개최한 것이었고, 세종문화회관 대회의실에서 열린 토론회의 주제발표자는 나였다. 지금도 기억에 남는 것은 이 토론회에 초대되지 않았던 최병렬 당시 서

울시장이 처음부터 끝까지 참석해서 방청석에서 경청하여 사람들을 놀라게 한 일이다. 1996년부터 활동하기 시작한 버스개혁시민회의는 녹색교통운동, 서울YMCA, 걷고싶은도시만들기시민연대, 경실련 등 7개 시민단체로 구성된 연대기구였고, 그 성격상 교통단체가 주도적으로 역할을 담당했고 자연스럽게 내가 간사를 맡았다. 서울버스 거버넌스는 이렇게 시민사회의 적극적 움직임으로부터 태동했다.

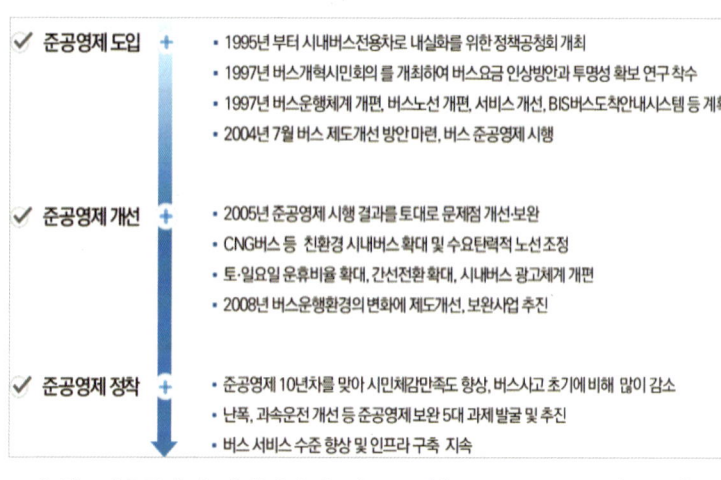

출처: 서울특별시 정책아카이브(https://seoulsolution.kr), 요약
〈그림 58〉 서울 시내버스 준공영제 단계별 비교

당시 여러 가지로 버스 위기가 심화하는 상황이어서 서울시도 나름 적극적으로 대응에 나섰는데 그것이 시내버스 개혁 종합대책 마련으로 이어졌다. 2004년 버스개혁안의 기본적인 골격과 핵심 내용을 거의 다 담고 있는 1997년 7월 서울특별시가 발표한 〈시내버스 개혁 종합대책 분야별 시책·사업 계획안〉은 675페이지에 달하는 방대한 분량의 종합대책인데, 서울시 주도로 만들어졌지만, 학계와 교통전문가, 시민사회단체 대표들이 함께 만든 계획이었다.

서울 버스 거버넌스는 다른 어떤 분야의 거버넌스보다 일찍 시작되었고 성공적으로 정착했다. 2004년 버스개혁 이전에 이루어진 대표적인 버스 거버넌스 시스템은 1996년에 만들어진 '서울시내버스노선조정위원회'이다. 앞에서도 잠깐 언급한 바와 같이 이 노선조정위원회는 '버스 사업 노선조정에 따른 사업자 간 극심한 이해대립으로 인한 행정 낭비와 공무원 뇌물 사건 발생을 막기 위하여' 각계가 참여한 거버넌스 기구였다. 이 위원회는 각계의 참여 속에 노선을 둘러싼 갈등 요인에 대한 철저한 사전 준비와 분석을 토대로 했고, 청문제도를 활용했다. 결정 권한을 담당 공무원이 아닌 위원회가 갖게 했고, 전문가의 참여와 판단이 주된 역할을 하도록 함으로서 갈등을 최소화하는 데 기여했다.

〈표 41〉 서울버스노선조정위원회 구성 전후 비교

구분	Before	After
결정 권한	노선 담당 공무원	노선조정위원회
결정 시스템	Government(행정 주도)	Governance(각계 참여)
정보 및 사전준비	사전 조사 미흡 사후 수습 위주 개별적인 민원 제기, 수렴	각계 민원 사전 수렴 갈등 민원 경우 충분한 준비 공개 청문으로 투명성 확보
특징	공무원에 대한 치열한 로비 공무원 구속 등 시정 신뢰 실추 결정 후 갈등 증폭 노선조정 규모 최소화	전문가에 의한 주도 시정에 대한 신뢰 회복 결정 후 갈등 발생 거의 없음 노선조정 규모 확대

출처: 한국교통연구원(2015), 교통부문의 시민참여: 역사 및 성과

버스노선조정위원회의 정착 과정에서 가장 중요한 것은 '행정이 주도하는 통치(Government)'에서 '각계가 참여하는 협치(Govenance)'로 전환된 것이다. 버스 거버넌스가 서서히 뿌리를 내리면서 버스 개혁과 준공영제 시행의 토대가 만들어진 것이다.

[2] 버스 개혁 시기의 버스 거버넌스

서울 버스 교통체계 개편에 관한 논의는 서울연구원을 중심으로 2002년 8월부터 이루어졌으나, 실질적인 의제 설정은 2003년 6월 녹색교통운동 등 7개 시민단체가 참여한 버스개혁시민회의에 의해 추진되었으며 2003년 8월 서울시, 서울경찰청, 버스업계, 시민단체, 학계 및 연구원 등 전문가 집단을 중심으로 교통 체계 개편 시안을 논의하기 시작했다. 버스개혁시민회의의 요구사항은 다음 4가지인데, 거버넌스 구축에 관한 사항도 분명하게 제시했다.[43]

- 시민의 의사와 서비스 개선 본위의 대중교통 혁신을 흔들림 없이 추진
- 중앙버스차로, 공동차고지 확보 등 핵심적 인프라 구축과 지간선 체계화 등 버스 운영체계 개편
- 이용 시민을 포함한 관련 당사자들의 참여와 파트너십에 의한 추진체계 전환
- 버스운송 사업자, 버스운송 노동조합, 자치구와 주민, 전문가, 시민단체와 관할관청의 협력체계 구축

---

[43] 2003~2004년의 상세한 버스 거버넌스 활동에 대해서는 한국교통연구원(2015), 「교통부문의 시민참여: 역사 및 성과」 중 '서울시 버스개혁과 시민참여'를 참조할 것.

서울시는 시민단체들의 요구를 수용하여 2003년 8월 21일 19명으로 구성된 버스개혁시민위원회가 출범하여 버스 개혁 시안에 관한 논의를 시작했다. 버스개혁시민위원회 참여자는 서울시, 서울경찰청, 서울시 의원, 시민단체 대표, 학계 및 전문가 집단, 버스업계, 버스 노동조합 대표 등으로 구성되어 각 집단의 이해관계를 대변하는 역할을 하면서, 시민의 교통권 실현과 바람직한 교통정책 결정을 위한 노력을 기울였다.

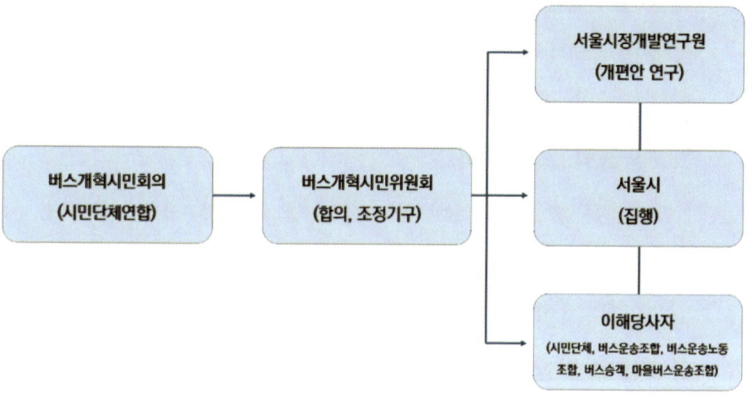

출처: 한국교통연구원(2015), 교통부문의 시민참여: 역사 및 성과

〈그림 59〉 서울 버스개혁 추진체계

약 2년 4개월간 버스개혁시민위원회가 시민단체, 버스업계, 서울시 공무원 등 참여자의 집단적인 행위를 원활하게 할 수 있도록 안건에 따라 협조적인 파트너십과 네트워크를 형성했다. 의제가 다양하고 그 폭이 넓었으므로 공식적 회의 이외에도 비공식 접촉을 통하여 상호교류가 다양하게 이루어졌고, 이 과정은 상호 신뢰와 이해를 높이는 데 기여했다.

버스개혁시민위원회는 회의 안건별로 열띤 토론과 소통을 통해 협력과 합의를 지향하여 참여자 간의 갈등과 대립을 해소해 나갈 수 있었고 민주적 절차에 따른 의사결정을 하는 데 역점을 두었다. 시민참여에 입각한 거버넌스 형태를 도입하여 과거 서울시의 공무원 주도의 일방적이고 수직적인 추진 방식에서 탈피하여 수많은 난제로 가득했던 버스 개혁 추진을 성공적으로 이끌어갈 수 있었다. 시민사회, 전문가, 시장, 정부의 상호인정과 존중이 없으면 이루어질 수 없는 일이었다.

〈그림 60〉에서 볼 수 있듯이 버스개혁시민위원회는 정부의 일방적 통치(Government)가 아닌 시민사회-전문가-시장-정부에 의한 협치(協治, Governance) 시스템이 온전하게 구축된 진정한 의미의 거버넌스였다.

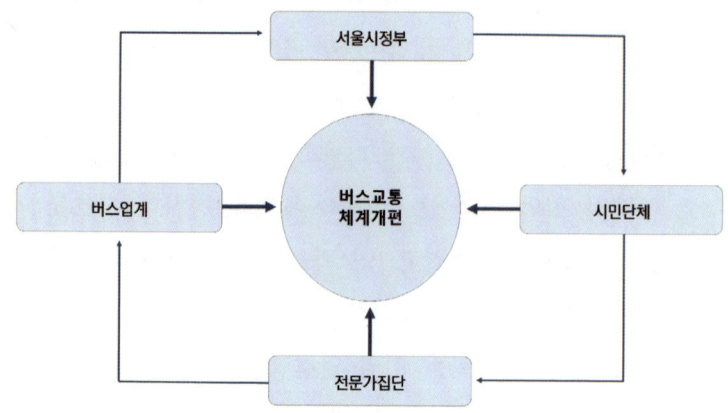

출처: 한국교통연구원(2015), 교통부문의 시민참여: 역사 및 성과
〈그림 60〉 버스개혁시민위원회의 참여자

'거버넌스란 상호의존성, 자원 교환, 게임의 규칙, 국가로부터의 상당한 자율성을 특징으로 하는 자체 조직화 및 조직 간 네트워크를 의미한다'라는 이론에 상당 부분 부합했다.

〈표 42〉에는 그 세부 안건이 요약되어 있다. 회의 안건은 버스 개혁에 관한 거의 모든 의제, 버스 중앙차로 등 운영체계에서부터 서비스, 요금체계, 운송원가, 노동자 복지나 홍보계획에 이르기까지 폭넓게 다루었다.

문제가 전혀 없지는 않았지만, 그 활동은 대체로 긍정적인 평가를 받았다.

〈표 42〉 버스개혁시민위원회 안건(2003.8.26~2004.6.30)

구분	일시	회의 안건
1	2003.08.26.	버스교통 체계 개편(안) 설명
2	2003.10.21.	버스 중심의 서울교통체계 개편(시안), 중앙버스전용차로 설치계획(안)
3	2003.11.12.	쟁점 의제 선정 및 의제별 토의 일정 논의, 버스교통 체계 개편 종합일정 보고 및 관련사업 브리핑(교통카드, BMS), 버스운영 체계 개편안 설명 및 버스업계 의견 청취 및 토론
4	2003.11.26.	굴절버스 도입 계획 보고, 중앙버스전용차로 설치 계획 보고 및 토의, 버스운영 체계 개편 토의
5	2003.12.10.	버스운영 체계 개편(계속), 중앙버스전용차로(필요시), 버스노선 개편
6	2003.12.19.	시내버스 운송원가 조사용역 적격업체 선정 심사, 대중교통 요금체계 개편안 및 신교통카드 도입방안
7	2004.01.14.	버스운영 체계 개편(계속): 버스조합과의 협의경과 보고 대중교통 요금체계 개편(안)
8	2004.01.28.	버스체계 개편 버스업체 협의결과 보고, 중앙버스전용차로 추진현황 보고 대 - km 운송원가 용역 추진상황 보고
9	2004.02.11.	서울시 경계 유입 및 유출의 경기도 버스 조정, 근로자 복지향상 추진 버스노선 체계 개편 추진현황
10	2004.02.25.	근로자 복지향상 소위원회 활동 보고, 대-km 운송원가 용역 추진상황 보고 대중교통 요금 체계 개편(안)

구분	일시	회의 안건
11	2004.03.11.	버스 운송원가 조사용역(시내버스 운송조합) 추진상황, 교통카드 시스템 추진상황
12	2004.03.25.	근로자 복지향상 소위원회 추진사항 보고, 간선-지선 노선개편 추진상황 보고 버스교통 체계 개편 홍보계획
13	2004.04.08.	버스 사령실 추진상황, 마을버스 운영체계 개편 방안, 가로변 버스전용차로 개선 사업, 버스개혁 시민위원회 근로자 복지향상 소위원회 활동보고
14	2004.04.22.	서울시 시내버스 운송원가 조사용역 중간보고, 간선-지선 노선개편 추진상황, 버스조합 시내버스 운송원가 조사용역 중간보고, 대중교통 요금체계 개편(안)
15	2004.05.06.	대중교통 통합요금제 관련 쟁점 시내버스 운송원가 조사용역 결과 조정 소위원회 개최 결과
16	2004.05.13.	마을버스의 시내버스 면허전환 심사계획, 시내버스 운송원가 조사용역 결과 조정, 제2차 소위원회 개최 결과
17	2004.05.27.	시내버스 대-km운송원가 산정 추진현황, 시내버스 정류소 표지판 전면교체 중앙버스전용차로 추진현황, 버스업계 자율조정 진행사항 보고
18	2004.06.10.	버스종합사령실 추진상황 보고, 입찰 간선버스 우선협상 결과 보고 신교통카드 추진 현황 보고, 보도자료 제공: 대중교통 요금체계 개편계획 확정
19	2004.06.24.	버스 운송수입금 공동관리 계획, 시내버스 현금수입금 관리방안

출처: 한국교통연구원(2015), 교통부문의 시민참여: 역사 및 성과

버스개혁시민위원회 회의는 매월 평균 2월(매월 1~3회 개최) 개최되었고, 회의마다 15명 이상의 위원이 참석하여 진지한 토의 끝에 안건을 처리했다. 회의 운영은 투명성과 공정성, 민주성을 견지했다.

서울시 공무원들의 각고의 노력과 버스개혁시민위원회의 뒷받침 속에 마침내 2004년 7월 1일 버스 개혁이 실현되었다. 대규모 개혁 이후 나타난 일부 부작용으로 인해 초기에 어려움이 있었지만, 버스개혁시민위원회는 〈표 43〉과 같이 개혁 이후 문제가 된 여러 현안들을 대부분 다루었다.

〈표 43〉 버스개혁시민위원회 안건(2004.7.1.~2004.12.30)

구분	일시	회의 안건
1	2004.07.08	신교통카드 문제점 및 보완대책, 중앙버스전용차로 운영 문제점 및 보완대책
2	2004.08.12	신교통카드 시스템 운영 및 사업추진 현황, 버스 운송수입금 부족액 확보 대책 버스광고 수입금 관리 대책
3	2004.08.26	교통카드 시스템 추진사항 보고, 운송수입금 공동관리 지침 시달 버스 표준원가 산정내역 및 정산지침, 버스 현금 수입금관리 개선방안 개학(開學)에 따른 배차간격 및 운행 대수 조정 결과 보고

구분	일시	회의 안건
4	2004.09.09	중앙버스전용차로 운영지침 수립 및 시행계획 시내버스 표준원가 산정내역 및 정산지침, 시민불편 및 과소노선 조정 한국스마트카드 개인정보 보호 정책
5	2004.10.14	교통체계 개편 성과분석 및 향후 계획, 버스교통 체계 발전 방향 워크숍 개최 중앙버스전용차로 운영지침 수립(재상정) 토요일, 일요일 운휴차량에 따른 근로자 임금손실 대책
6	2004.11.5	중앙버스전용차로 확대 노선 검토, 현금수입금관리 체계 확립 버스개편 발전 방향 워크숍 개최 결과, 굴절버스 노선 투입 계획 서울시내버스 체계 개편에 따른 고용관계 운영 방안
7	2004.11.25	시내버스 정류소 D/B 조사용역 추진사항 보고, 현금수입금 관리 실태 특별 점검 결과 및 향후 조치 계획
8	2004.12.9	마을버스 환승손실 보조금 지급 관련 보고, 시내버스 운송비 지급 관련 보고 노선별 인가기준 탄력성 제고, 시내버스 표준원가에 따른 정산지침 보완사항 검토 대중교통 체계 개편 성과평가 및 국제회의 개최 기본계획, 일회용 승차권 발행 대안 검토 보고, 통합요금제 경기도 협의상황 보고
9	2004.12.23	중앙버스전용차로 향후 추진계획 보고 시내버스 표준원가에 따른 운송비용 정산지침 보완사항 검토

출처: 한국교통연구원(2015), 교통부문의 시민참여: 역사 및 성과

특히 개편 이후에 발생한 시민과 버스 이용객의 불편, 불평과 불만, 버스 운영상의 문제점을 신속하게 파악하고 이를 위원회에서 논의하여 처방과 대처방안을 적시에 마련해서 제시했다.[44]

서울시는 2005년 제3회 서울정책인대상에 버스개혁시민위원회를 선정하기도 했다. 당시 시가 밝힌 선정 이유는 '버스개혁시민위원회가 버스 체계 개편 과정에서 다양한 이해관계를 원만히 조정하고 시민의 입장에서 사회적 합의를 도출해 새 교통체계의 성공적인 정착에 기여한 것'이었다.

버스 정책 결정과 집행 과정에서 거버넌스의 역할이 얼마나 적절하게 작용했는지를 확인할 수 있다.

[3] 현재의 버스 거버넌스 - 버스정책시민위원회

서울 버스 거버넌스는 현재 '버스정책시민위원회'라는 기구를 통해 이루어지고 있다. '서울특별시 버스정책시민위원회 조례'라는 명칭의 조례가 있고, 조례상의 목적은 '시내버스 개혁대책의 효과적인 추진과 시내버스 정

---

[44] 한국교통연구원(2015), 교통부문의 시민참여: 역사 및 성과, p.102

책의 전문성·효율성 및 시민의 참여와 협력을 확보'하는 것이다. 이 조례에 명시된 버스정책시민위원회의 역할은 '다음 사항에 대하여 심의하고, 시장의 자문에 응한다'라고 되어 있다.

- 시내버스 정책 방향에 관한 사항
- 시내버스 노선 및 요금조정에 관한 사항
- 보조금 등의 지원 기준과 방법에 관한 사항
- 시내버스 운영체계의 조정·개선에 관한 사항
- 시민 만족도 평가 등 서비스평가제 및 시민참여에 관한 사항
- 이해당사자 간 갈등·조정·중재 및 합의 도출에 관한 사항
- 노선체계 합리화 방안에 관한 사항
- 차고지 및 승차대 등 버스 관련 시설에 관한 사항
- 시내버스 운송수입금 운영·관리·정산 및 지급 등에 관한 사항
- 버스 관련 시민 제안 및 주요 민원 사항
- 시내버스 차량 개선 및 안전성 향상에 관한 사항
- 그 밖에 시내버스 정책 수립 및 집행과 관련되는 주요 사항

버스정책시민위원회의 구성은 노선조정분과, 버스정책분과, 경영합리화분과, 시설개선 분과, 시민혁신분과 등으로 이루어져 있다. 버스정책시민위원회 분과별 활동사항으로 노선조정분과에서는 노선의 변경·축소, 신규지정 및 조정 등을 주로 다루며, 버스정책분과에서는 시내버스회사 평가, 요금조정 및 재정지원, 준공영제 개선방안 등 정책적 사안을 다룬다. 경영합리화분과는 운송수입금 관리 및 정산, 표준운송원가 산정 등 재정·회계 분야 관련 심의를 담당한다.

조례에는 버스정책시민위원회가 버스와 관련된 정책방향과 여러 현안을 심의하고 시장에게 자문할 수 있도록 되어 있다.

현재 버스정책시민위원회의 위원은 업계, 변호사, 세무사, 학계 및 전문가, 시 공무원, 시민단체 대표 등으로 구성되어 있다.

이렇듯 위원회의 명칭이나 위원 구성 등이 과거 2004년 버스 개혁 시기의 버스개혁시민위원회와 유사하고 그럴듯해 보인다. 조례로 법적 지위를 확보했을 뿐만 아니라, 각계의 참여라는 외양은 갖춰졌는데 실제 운영 상황은 어떨까?

[4] 2012년 이후의 버스정책시민위원회 운영

여러 전문가나 시민단체 대표들이 나에게 현재의 서울 버스 거버넌스의 문제점을 지적해 왔다. 특히 시민사회의 참여가 미흡하다는 점을 자주 들어왔다. 선입견에 치우치지 않도록 정보소통광장에 공개되어 있는 버스정책시민위원회의 활동 기록을 살펴보았다. 여기에는 2012년부터 2024년까지의 활동이 DB화되어 있는데, 버스정책시민위원회는 총 32회 위원회가 개최되었고, 2022년과 2023년에는 단 한 차례씩 개최된 것으로 나와 있다.

'13년간 32회밖에 열리지 않았다고?' 도무지 믿기지 않아서 현재 위원직을 맡고 있는 분들에게 직접 문의해 보았다. 놀랍게도 공개된 정보와 같이 회의가 거의 열리지 않았음을 확인할 수 있었다.

서울시가 공개한 버스정책시민위원회 개최 횟수는 〈표 44〉와 같이 2012년 1회, 2013년 5회, 2014년 3회, 2015년 2회, 2016년 2회, 2017년 3회, 2018년 3회, 2019년 5회, 2020년 3회, 2021년 3회, 2022년 1회, 2023년 1회로 확인된다. 횟수만 보면 유명무실 상태에 있음이 명확하다. 특히 마지막 3차례 회의는 모두 '표준운송원가 산정안 심의'였다.

〈표 44〉 버스정책시민위원회 안건(2012~2023년)

구분	일시	회의 안건	비고
1	2012.07.09	버스노선 변경, 조정에 관한 사항	노선조정분과
2	2013.01.30	버스노선 변경, 조정에 관한 사항	노선조정분과
3	2013.02.06	12년 시내버스회사 평가 성과이윤 지급방식 변경	버스정책분과
4	2013.02.21	운송수입금 관리 및 운송비용정산방식 개선안 후생복지 지원금, 차량매각수입과 고용촉진장려 지급방식	경영합리화분과
5	2013.06.12	시내버스 일부운행중단 관련 패널티 적용여부	경영합리화분과
6	2013.07.24	마을버스 중앙버스전용차로 이용 허용기준 입찰간선 제도 운영방안, '13년 시내버스회사 평가계획(안)	버스정책분과
7	2014.04.30	2013년 시내버스 표준운송원가 산정(안) 운송수입금 관리지침 일부 개정(안) 경영개선 지원금계정 운용규정 변경(안)	경영합리화분과
8	2014.12.18	2014년 시내버스 표준운송원가 산정(안) 시내버스 광고수입금 배분계획(안)	경영합리화분과
9	2014.09.05	'14년 시내버스회사 평가 계획(안), 저상버스 평가 항목에 대한 개선(안) 도출	버스정책분과
10	2015.05.08	대중교통(버스) 요금조정 계획(안) '14년 시내버스회사 성과이윤 지급 방식	버스정책분과
11	2015.07.15	차량보험료 정산방식 개선(안)	경영합리화분과

구분	일시	회의 안건	비고
12	2016.03.31	2015년 시내버스 표준운송원가 심의	경영합리화분과
13	2016.06.17	2016년 시내버스회사 평가 계획 (임원금여)	버스정책분과
14	2017.04.05	단거리 순환버스 시범노선 추진 시내버스 회계·경영 투명성 강화 추진 2017년 시내버스회사 평가 계획(안)	버스정책분과
15	2017.05.11	2016년 시내버스 표준운송원가 산정(안) 시내버스 감차보상금 조정 계획(안)	경영합리화분과
16	2017.11.15	시내버스 근로자 퇴직금 적립방식 개선(안), 시내버스 잉여예비차량 활용 계획(안), 남산 전기버스 조기 대폐차에 따른 지원(안)	경영합리화분과
17	2018.01.31	불편민원 해소, 운영효율 증진, 장거리노선 개선, 경전철 개통 관련 중복노선 조정	노선조정분과
18	2018.07.03	2017년 표준운송원가 산정(안) 심의	경영합리화분과
19	2018.12.21	표준운송원가 개선 추진사항, 2018년 표준운송원가 산정(안)	경영합리화분과
20	2019.04.21	잉여예비차량 보유비 미지급	경영합리화분과
21	2019.04.24	평가매뉴얼 관련 심의	버스정책분과
22	2019.05.31	19년 성과이윤 지급대상 조정	버스정책분과
23	2019.10.30	시내버스 준공영제 개선 계획 보고	버스정책분과
24	2019.12.23	불편민원 해소, 대단지아파트 노선확충, 이해관계 충돌 조정 주52시간 제도정착, 장거리노선 개선으로 휴게시간 확보	노선조정분과
25	2020.02.19	준공영제 개선 추진계획 보고, 서울형 스마트 쉘터 시범사업 보고	버스정책분과

구분	일시	회의 안건	비고
26	2020.04.09	2019년 시내버스 표준운송원가 산정	경영합리화분과
27	2020.05.27	성과이윤 지급대상 조정안 심의 코로나 관련 방역추진현황 보고 재정지원 대상 제한안 마련	버스정책분과
28	2021.02.08	대규모 단지 등 민원해소 및 서비스 개선 지하철역 연계, 비효율적 운행구간 직선 또는 단순화 방안	노선조정분과
29	2021.07.16	21년 시내버스 회사 평가시 성과이윤 배분체계 개선안	버스정책분과
30	2021.11.29	2020년 시내버스 표준운송원가 산정안	경영합리화분과
31	2022.06.10	2021년 시내버스 표준운송원가 산정안 심의	경영합리화분과
32	2023.12.19	2022년 표준운송원가 산정(안) 심의	경영합리화분과

출처: 서울특별시 서울정보소통광장

예외적인 일부 기간을 제외하고는 사실상 버스 정책 협의나 소통이 없는 의례적인 회의체라는 것을 보여준다. 한마디로 이것은 거버넌스가 아니다. 조례가 상세히 규정하고 있는 역할은 거의 담당하지 않고 있고, 사모펀드 문제 등 서울 버스와 관련해서 거론됐던 많은 의제가 하나도 안건으로 다뤄지지 않았다.

일부 시민단체 대표나 전문가들의 표현을 빌면 '시민 없는 버스정책시민위원회'로 유명무실화되어 있다. 거버넌스의 핵심인 참여와 협치는 사실상 사라지고 서울시가 정한 정책을 심의라는 이름으로 뒷받침하는 역할을 하고 있다는 비판을 받을만하다. 위원회 위원들조차 자조적으로 '들러리'라고 말하는 상황이다.

거버넌스에 의한 시민참여는 위축되고, 그 대신에 2014년부터 운영된 시민 모니터단이 일부 '시민참여' 기능을 하고 있다. 버스회사 현장점검, 버스 운행 실태 모니터링, 버스 정책 관련 아이디어 제출 등을 하고 있으나, 적극적인 정책 의사결정 참여와는 거리가 먼, 서울시 행정의 보조 역할을 담당하는 것으로 보인다.

이렇듯 서울 버스 거버넌스는 점차 그 역할이 축소되는 과정을 거쳐 현재는 사실상 부재 상태로 전락했다고 볼 수 있다.

앞에서 살펴본 바와 같이 2004년 버스 개혁 전후 시기에는 버스개혁시민위원회를 중심으로 서울의 버스 거버넌스가 정부-기업-시민사회-전문가의 협치 구조로 온전하게 형성되어 있었고, 역동적으로 활동하여 정책 결정과 사회적 합의 도출 과정에서 중요한 역할을 담당했다. 거버넌스에서 강조되는 시민참여가 목표와 그 운영 과정에서 실질적으로 실현된 것이다.

안타깝게도 최근의 버스정책시민위원회는 버스 정책 발전을 위한 그 어떤 노력도 수행하지 않았고, 곳곳에서 제기된 버스 관련 주요 의제들이 거의 다루지 않았다.

양(Quantity)은 때로는 질(Quality)을 결정하는 중요한 요소다. 현재 버스 거버넌스의 외양만 갖추고 있는 버스정책시민위원회는 양과 질 두 측면에서 거버넌스의 역할을 전혀 하지 못하고 있다는 게 내 판단이다. 유명무실화한 버스 거버넌스는 사회적 기여가 없을 뿐만 아니라, 사회적으로 제기되는 버스 관련 현안에 관한 건강한 논의와 공론 형성을 가로막아 정책적 해악 요소다.

시대의 변화에 따라 참여가 더 확대되고, 협치가 강화되어야 했으나, 현실은 정반대로 흘러왔다. 후퇴에 후퇴를 거듭해 온 것이다. 시내버스 거버넌스는 전보다 오히려 후퇴했다는 것은 부정할 수 없는 사실이다.

거버넌스 시스템이 제대로 작동하지 않으면 시민들이 일상적으로 경험하는 불편이나 목소리를 대변해서 문제를 해결할 수 없다. 삶의 질은 낮아지고, 행정의 일방통행을 방치하는 결과가 되어 시민들의 편익과 공공의 이익이 침해된다. 또한 시내버스의 바람직한 미래와 대안을 모색하는 노력을 게을리하게 돼, 도시의 경쟁력을 떨어뜨린다.

최근 들어 버스 노동조합과 서울시 사이에 여러 안건을 둘러싼 갈등이 표출되는 데는 거버넌스 시스템의 마비도 상당히 크게 작용하고 있다는 게 내 판단이다. 불거지는 현안들 가운데 상당수가 버스정책시민위원회에서 마땅히 다뤄야 할 사안임에도 불구하고 이를 방치했다가 파업이나 투쟁의 형태로 분출하는 것이다.

서울 버스 거버넌스의 혁신이 이루어지려면 서울시장과 서울시의 대오각성이 필요하다. 지난 2004년 버스 개혁 시기의 버스 거버넌스 경험, 특히 그 발상법과 철학을 벤치마킹해서 거버넌스 체제를 전향적으로 재구축하길 바란다. 또한 월 1회 이상의 실질적인 운영으로 버스가 당면한 여러 문제를 해결하고, 서비스를 혁신하고, 버스의 미래를 모색하는 장이 되도록 해야 한다. 거버넌스의 획기적인 변화 없이 버스의 혁신을 기대할 수 없다.

서울 버스에 관한 미신과 사실 14
자가용 승용차 보유자도
버스 우대정책을 지지한다?
Fact!!!

서울 버스 개혁 20주년을 맞은 지금. 서울의 버스를 환골탈태시킨, 말 그대로 일대 혁신을 이루었던 그 놀라운 버스 개혁의 정신을 지금 시점에서는 어떻게 살려야 할까. 버스가 지금도 서울시민의 발로 살아 움직이고 있고, 개혁이 '과거'에 머물지 않고 '미래'가 되게 하려면 어떻게 해야 할까?

2024년 6월 대한교통학회가 실시한 〈시내버스 이용시민 만족도 조사〉의 설문지를 만들 때 그 고민을 담아보았다. 내가 생각한 서울 시내버스에 대한 미래 비전을 서울시민들은 어떻게 받아들일까 궁금했다. 그래서 시민 만족도 조사가 중심인 설문지에 정책지지도를 묻는 한 문항을 넣어서 2,500명의 서울시민을 대상으로 조사를 실행했다.

  Q: 기후위기와 탄소 중립 시대를 맞아 지속가능한 도시교통수단(Sustainable Urban Mobility)으로 시내버스의 위상을 정립하고, 버스 우대정책을 강화하고 서비스 수준을 높여나가야 한다는 전문가들의 의견이 있습니다. 여기에 대한 귀하의 견해를 선택해 주십시오.
  ①전혀 동의하지 않음 ②동의하지 않는 편 ③보통
  ④동의하는 편 ⑤전적으로 동의함

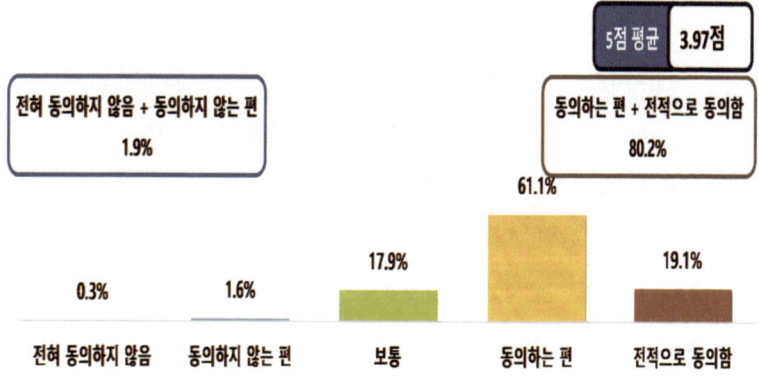

출처: Kstat 시내버스 이용 시민 만족도 조사(2024. 06)
〈그림 61〉 '버스 우대정책 강화' 지지도 조사 결과

상투적일 수도 있고, 조금은 도발적일 수도 있는 이 질문에 대한 서울시민들의 응답 결과는 Likert 5점 척도 기준으로 3.97로 나타났다. '동의하는 편'이 61.1%, '전적으로 동의함'이 19.1%나 된다. '보통'은 17.9%, '동의하지 않는 편'이 1.6%, '전혀 동의하지 않음'이 0.3%로 반대하는 시민들은 매우 적은 것으로 조사되었다. 이 설문에서 이루어진 정책동의도가 매우 높다는 것을 확인했다.

이 조사 분석 결과를 자세히 보다가 대단히 흥미로운 사실을 발견했다. 그것은 자가용 보유 여부에 따른 시민들의 정책지지도이다. 〈표 45〉에서 확인할 수 있듯이 조사 결과를 '자가용 보유 여부' 별로 보았을 때, '있음'이 4.00점, '없음'이 3.93점으로 차이를 보였다.[45]

'지속가능한 도시교통수단으로 시내버스의 위상을 정립하고, 버스 우대정책을 강화하자.'라는 정책 방향에 대한 자가용 보유 시민들의 지지도가 보유하지 않은 시민들보다 더 높았다는 것이다.

---

[45] Kstat 시내버스 이용 시민 만족도 조사(2024. 06) 분석 결과 T-test 결과도 p<0.01로 95% 신뢰수준하에서 유의하여 차이를 보였다.

<표 45> 버스 우대정책 강화에 대한 지지도

구분		사례수	전혀 동의하지 않음	동의하지 않는 편	보통	동의하는 편	전적 동의함	[5점 평균]
[전체]		2,500	0.3	1.6	17.9	61.1	19.1	3.97
연령대	18-29	523	0.6	2.3	21.8	57.7	17.6	3.89
	30대	500	0.6	3.0	24.0	55.6	16.8	3.85
	40대	491	0.2	1.2	17.3	60.5	20.8	4.00
	50대	523	0.0	0.8	13.2	64.1	22.0	4.07
	60대	463	0.2	0.4	12.7	68.3	18.4	4.04
자가용 보유 여부	있음	1,478	0.3	1.3	15.4	63.8	19.2	4.00
	없음	1,022	0.3	2.0	21.5	57.2	19.0	3.93
기후동행 카드 사용 여부	사용함	635	0.3	1.6	14.5	61.1	22.5	4.04
	사용 안함	1,865	0.3	1.6	19.0	61.1	18.0	3.95

출처: Kstat 시내버스 이용 시민 만족도 조사(2024. 06)

여기서 확인할 수 있는 것은 자가용 보유자들이 시내버스 우대정책에 반대할 거라는 추정은 전혀 근거 없는 미신일 뿐이라는 것이다.

시민들의 생각과 더불어 교통전문가들의 견해를 확인해 보기 위해 동일한 질문을 교통전문가 50명에게 물었다. 조사 결과는 Likert 5점 척도 기준으로 4.6으로, '전적으로 동의함'이 66%, '동의하는 편'이 30%로 절대

다수인 96%가 동의하는 것으로 나타났다. '보통'은 2%, '동의하지 않는 편'이 2%, '전혀 동의하지 않음'이 0%로 반대는 거의 없었다.

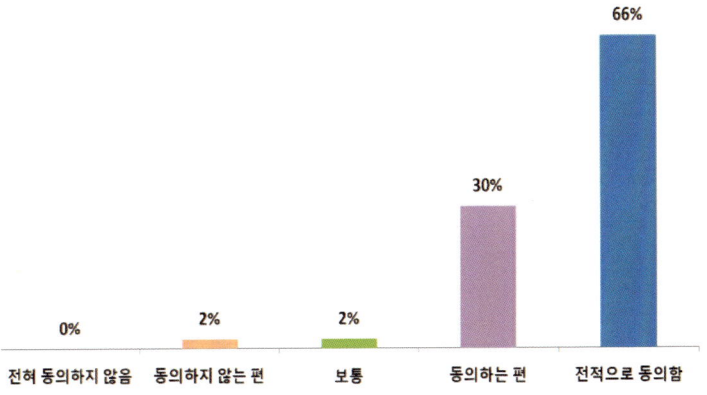

출처: 서울 시내버스 발전방안에 관한 전문가 델파이 조사, 대한교통학회, 2024. 06.
〈그림 62〉'버스 우대정책 강화' 전문가 응답

자가용 승용차 보유자들이 버스 우대정책을 반대할 것이라는 추측은 기우에 지나지 않는 미신이다. 이 조사 결과는 서울시가 보다 과감하게 버스 우대정책을 펼치는 데 대한 사회적 합의(consensus)가 이미 충분히 형성되어 있다는 것을 알 수 있다.

최근 남산혼잡통행료의 부분 폐지나 버스 통행속도의 저하 등으로 인해 서울시가 승용차 우대로 정책 방향을 잘못 잡아서 대중교통 우대라는 기본 원칙을 포기한 게 아니냐는 비판을 받고 있다. 이렇게 '버스우선'이나 '대중교통 우대' 정책을 제대로 실현하지 못하고 있는 것은 서울시의 정책적 의지 부족의 문제이지 시민들의 반대 탓이 아니다. 시민들은 오히려 대중교통 우대정책을 강하게 지지하고 있다.

서울 버스에 관한 14개의 사실

우리는 그동안 서울 버스에 관한 7개의 미신과 7개의 사실을 확인하고 검토했다. 여기서 미신은 Myth를 우리말로 옮긴 것이다. '신화'라고 해도 되고, '맹신'이라고 할 수도 있다. 사전에 있는 '근거 없는 믿음'이라는 표현도 괜찮을 듯하다. 버스에 관한 우리의 고민과 성찰을 정리할 수 있도록 앞에서 다룬 7개의 미신을 한데 모아 보았다.

- **버스 개혁 이후 버스 서비스가 유지·개선되어 왔다.**
- **서울 버스 요금인상 횟수는 글로벌 도시들에 비해 많았다.**
- **서울 버스 재정지원금은 글로벌 도시들에 비해 많다.**
- **재정지원금 폭증은 사업자들의 도덕적 해이 탓이다.**

- 재정지원금이 늘어나면서 사업자들의 이익도 커졌다.
- 서울 버스 수송 분담률이 승용차보다 낮아진 것은 코로나 팬데믹 때다.
- 서울 버스 서비스 만족도는 지하철 만족도보다 낮다.

이들 7개의 미신 가운데는 '이게 왜 미신이지?' 하는 것들도 있을 것이다. 하지만 앞에서 우리는 왜 그 미신들에 근거가 없음을 뒷받침하는 사실들을 찾아내고 밝혔다.

서울 버스에 대한 인식을 보다 확실히 하자는 의미에서 앞에서 확인한 7개의 사실과 7개의 미신 대신에 밝혀낸 7개의 사실 등 총 14개의 사실을 그동안 살펴본 순서대로 정리하면 다음과 같다.

1. 서울 버스는 세계적 수준이다.
2. 버스 개혁 이후 버스 서비스 수준은 전반적으로 하락해 왔다.
3. 서울 버스 요금은 다른 글로벌 도시들에 비해 낮다.
4. 서울 버스 요금인상 횟수는 글로벌 도시들에 비해 적었다.

5. 서울 버스에 대한 재정지원금은 글로벌 도시들보다 훨씬 적다.
6. 서울 시내버스 재정지원금이 폭증한 것은 코로나 팬데믹의 영향으로 버스 수송 인원이 격감한 것에 기인하며, 도덕적 해이와는 관계가 없다.
7. 재정지원금은 늘어났어도 사업자들의 이익은 줄었다.
8. 교통전문가 상당수가 재정지원금의 투명성이 미흡하다고 느끼고 있다.
9. 준공영제 시행으로 시내버스 교통사고가 많이 줄었다.
10. 버스 준공영제로 교통복지의 실현이 가능해졌다.
11. 서울의 승용차 수송 분담률이 시내버스를 앞선 데드 크로스(Dead Cross)가 나타난 것은 코로나 팬데믹 시기가 아닌 2018년이다.
12. 2023년 서울 버스 서비스 만족도는 지하철 만족도보다 높다.
13. 버스 거버넌스, 전보다 오히려 후퇴했다.
14. 자가용 승용차 보유자도 버스 우대정책을 지지한다.

14개의 사실 앞에 번호를 매겼지만, 그 번호나 순서에 특별한 의미를 담지는 않았다. 이 14개를 고르는 데는 고민이 깊었다. 서울 버스에 대한 전체적인 상을 그리는 데 도움을 주면서, 오해는 줄이고 이해를 돕는 항목들을 골라야 했기에 쉽지 않았다. 특히 버스의 미래상을 모색하는 데 보탬이 될 수 있겠다 싶은 것들을 고르려고 애썼다. 개정판에서는 초판의 하나를 다른 항목으로 바꾸고 새롭게 하나를 추가했다. 시기와 중요성을 종합적으로 고려하여 코로나 팬데믹 관련 항목을 줄이고, 거버넌스 관련 내용을 추가했다.

'이 사실은 뻔한 내용을 굳이 왜 썼을까?'라거나 '이건 왜 없지?' 하는 의문이 들기도 할 것이다. 하지만 그 내용을 곱씹어 보면 나름의 이유나 고민의 흔적을 찾을 수 있을 것이다. 그런 걸 '저자의 의도'라고 하던가? 부족하다고 느끼면 부족한 대로 너그럽게 이해해 주시길 부탁드린다. 버스에 대한 지나친 애정과 열정이 판단을 흐릴 가능성도 있기 때문이다.

에필로그

다시 버스에 주목할 때

다시 버스에 주목할 때

"우리의 도시들이 버스에 대한 우대를 통해 잃어버릴 것이란 자가용 승용차들 말고는 아무것도 없다."
- Wolfgang Zuckermann(1991), *End of the Road*

나는 교통과 도시계획 관련 회의나 칼럼에서 이 말을 자주 인용한다. 이보다 간결하고 강력한 통찰은 찾기 어렵다. 그러나 안타깝게도 이 철학과 발상법은 브라질의 쿠리치바(Curitiba) 등 극히 일부 도시에서만 현실화되고 있다.

서울은 2004년 7월 1일 대중교통 개혁을 통해 '버스 우선' 철학을 일부 구현했다. 하지만 그 이후 이를 유지하고 발전시켰다고 보기는 어렵다. 버스 개혁은 이후 시장들과 행정가들의 안이함 속에 사실상 퇴보했다고 해도 과언이 아니다. 대중교통이 시민의 삶에 미치는 중요성을 생각할 때 참으로 안타까운 일이다.

〈그림 63〉 '땅위의 지하철'을 구축한 쿠리치바 버스

에필로그에서 통계를 거론하는 것이 이례적인 일이긴 하지만, 현 상황을 명확히 이해하고자 하는 고육지책이다.

〈표 46〉은 2007년부터 2024년까지 서울시의 버스전용차로 운영 현황을 보여준다. 전일제 가로변 버스전용차로는 82.1km에서 30.6km로, 시간제 가로변 전용차로도 48.8km에서 39.8km로 감소했다. 반면 중앙버스전용차로는 60.9km에서 127.4km로 대폭 증가했다.

〈표 46〉 서울 버스전용차로 운영 현황(2007~2024)

	전일제 가로변 버스전용차로		시간제 가로변 버스전용차로		전일제 중앙 버스전용차로		합계	
	구간 (개)	거리 (km)	구간 (개)	거리 (km)	구간 (개)	거리 (km)	구간 (개)	거리 (km)
2007	33	82.1	18	48.8	7	60.9	58	191.8
2008	31	66.6	19	49.2	9	69.6	59	185.4
2009	28	58.8	19	49.2	12	87.3	59	195.3
2010	26	55.3	18	45.7	12	95.1	56	196.1
2011	23	46.3	17	43.0	12	109.0	52	198.3
2012	23	46.3	17	42.0	12	110.0	52	198.3
2013	23	46.3	17	42.0	12	110.0	52	198.3
2014	23	46.3	18	46.4	12	111.7	53	204.4
2015	23	46.3	17	44.6	12	113.6	52	204.5
2016	23	46.1	17	44.6	12	113.6	52	204.3
2017	22	44.4	17	44.6	13	114.8	52	203.8
2018	21	41.6	17	44.6	13	123.0	51	209.2
2019	21	41.6	17	44.6	13	123.0	51	209.2
2020	21	40.4	19	43.3	13	124.2	53	207.9
2021	21	40.4	19	43.3	13	124.2	53	207.9
2022	21	40.4	19	42.9	13	124.2	53	207.5
2023	18	30.6	21	39.8	13	127.4	52	197.8
2024	18	30.6	21	39.8	13	127.4	52	197.8

* 기타 구간(경부고속도로, 김포대로) 6.8~7.0km 제외

출처: 서울시 주요교통통계 버스전용차로 운영 현황

얼핏 보면 큰 문제가 없고 가로변 버스전용차로가 중앙버스전용차로로 바뀌는 긍정적인 변화가 있었던 것으로 보인다. 과연 그럴까? 다음 세 가지 측면에서 이를

다시 들여다볼 필요가 있다.

첫째, 전용차로 전체 연장은 2018~2019년 209.2km로 정점을 찍은 뒤, 2024년에는 오히려 197.8km로 줄어들었다.

둘째, 2004년 서울시의 버스 개혁 추진계획에서 설정했던 중앙버스전용차로의 설치 목표는 총 13개 노선 162.4㎞(2004년 6개 노선 77.6㎞, 2005년 이후 7개 노선 84.8㎞)이었다.[46] 하지만 현재 운영 중인 중앙버스전용차로 규모는 이 목표에 훨씬 미치지 못한다.

셋째, 2011년까지 꾸준히 증가하던 중앙전용차로의 연장은 2012년 이후에는 거의 늘어나지 않았다. 2011년 13.9km 늘어난 이후 아주 미미하게 늘거나 그대로 머무르다가 2018년 8.2km 증가한 것을 빼고는 답보 상태다. 최근에는 2020년 1.2km, 2023년 3.2km 늘어난 게 전부다.

버스전용차로는 '버스우선(Bus Priority)'의 상징이다. 그런데도 서울시가 이를 확장하기보다는 축소해 온 현실은, 이 도시가 과연 '버스우선'을 추구하고 있는지 의문

---

[46] 서울특별시(2004.06.16.), 서울 버스체계개편 방향 - 지속가능한 서울의 교통환경 구축.

을 품게 만든다. 뉴욕의 사례는 서울과 극명한 대조를 이룬다.

2010년 49.2마일(약 80km)에 불과하던 뉴욕의 버스 전용차로는 실렉트 버스 서비스(Select Bus Service)의 도입과 함께 2016년까지 103.8마일(약 167km)로 두 배 가까이 확대되었다.[47] 주요 도심 지역을 중심으로 혼잡 구간에 전용차로가 적극 설치되었다. 이 과정에서 이용 편의 증진을 위한 오프보드(Off-Board) 요금 지불 시스템[48], 우선 신호 시스템 등 기술적 개선도 함께 이뤄졌다.

2019년 4월 뉴욕시 교통국(NYC DOT)은 버스 운행 속도 향상과 신뢰성 증대를 목표로 한 '더 나은 버스 실행 계획(Better Buses Action Plan)'을 발표했는데, 이 계획에는 24개 구간에 새로운 버스전용차로 설치 및 기존 차로의 개선이 포함되어 있다. 같은 해 시의회는 5년간 150마일의 버스전용차로를 새로 설치하는 것을 골자

---

47) New York City DOT, BUS Foreward 2017
48) 뉴욕시의 오프보드 요금제(Off-Board Fare Payment System)는 '실렉트 버스 서비스(Select Bus Service, SBS)'의 핵심 요소 중 하나로, 버스에 탑승하기 전에 요금을 지불하는 방식을 말한다. 이는 지하철 방식과 유사한 사전 지불 시스템으로, 탑승 시간을 줄이고 운행 속도를 높이기 위해 도입된 제도다.

로 한 '뉴욕시 도로 계획(NYC Streets Plan)'을 통과시켰다.

시장, 교통국, 시의회, 감사관, 시민단체까지 정책 실행을 위한 주체들이 경쟁하듯 움직였고, 에릭 애덤스(Eric Adams) 시장은 '버스 시장(the bus mayor)'이 되겠다는 선거 공약을 내세웠고, 4년간 150마일 구축을 목표로 제시했다. 물론 실행은 순탄치 않았다. 정치적 반대, 예산 문제, 행정 지연 등으로 버스전용차로가 당초 계획대로 확대된 것은 아니었다. 하지만 버스전용차로는 2022년에는 7.8마일 설치, 2023년 15.7마일 설치, 2024년에도 5.5마일이 새로 조성되었다. 특히 물리적 장벽이나 카메라 감시 등을 통한 '보호형 전용차로(protected bus lanes)' 개선 작업도 병행되었다.

2025년 현재 뉴욕시의 버스전용차로는 163마일(약 262km)에 이른다. 15년 새 무려 3.3배 늘어났다. 물론 그중 88%가 가로변 또는 오프셋 차로로 구성되어 있어 한계가 있지만, 꾸준한 확대를 통해 도시의 교통권과 공공성을 강화하려는 정책 의지는 분명히 읽힌다. 반면 서울은 2007년 196.1km에서 2024년 197.8km로 사실상 제자리걸음이었다.

〈그림 64〉 뉴욕시 '더 나은 버스 실행 계획' 표지

런던은 어떤가? 런던은 최근 몇 년 동안 '런던 시장의 교통전략(The Mayor's Transport Strategy)'과 '버스 실행 계획(Bus Action Plan)'이라는 두 개의 축으로 분명한 전략과 실천 방안을 세우고 시내버스 혁신을 추진해왔다. 이 계획들은 단순히 교통정책 차원이 아니라, 지속가능성과 탄소중립도시 실현을 위한 핵심 전략으로서의 버스 역할을 강조한다. "2030년까지 버스를 혁신하는 것은 런던의 친환경적이고 포용적인 회복을 보장하고, 탄소 순배출 제로 도시(a net zero carbon city)를 실현하는 데 필수적이다."[49]

이 계획의 비전에는 버스를 적극적이고 효율적이며 지속가능한 종합적인 교통 네트워크의 일부로서 '탄소 배출 제로 옵션(zero-carbon option)'으로 시민들이 선택할 수 있도록 하자는 인식 전환이 담겨 있다. 런던 시민이 건강한 거리와 기후 위기 대응을 위해 버스를 당연한 선택으로 여기도록 만들겠다는 발상이다.

런던의 버스 서비스에 대한 야심찬 10년 계획은 다음의 다섯 가지에 핵심을 두고 있다.

---

[49] 런던의 시내버스 발전계획을 담고 있는 〈Bus Action Plan〉의 일부이다.

- 기후 비상사태에 대응
- 시민의 다양한 교통 수요 충족
- 팬데믹 회복이 자동차 중심으로 이루어지지 않게 함
- 보행 및 자전거와의 조화
- 지속가능한 도시 성장 기반 조성

이러한 버스 전략은 사디크 칸(Sadiq Khan) 런던 시장이 2018년에 수립한 『시장 교통 전략(The Mayor's Transport Strategy)』과 긴밀히 연계되어 있다. 이 전략은 '양질의 대중교통 서비스'를 중심에 두고, 버스를 포함한 철도, 튜브, 트램 등을 총망라한 광역교통계획을 제시한다.

특히 2041년을 목표로, 전략 철도망·트램망·버스망의 양적·질적 확대 계획을 수립하고 있으며, 통합 생활권 구축을 위한 접근성 개선과 포용성 강화도 병행하고 있다. 트램과 철도는 용량과 정시성을 2배 향상시켜 교통 혼잡을 줄이고, 이동 편의를 개선하는 것이 목표다.

런던의 'Bus Action Plan'은 매년 업데이트되어 시민과 공유된다. 이는 단순한 비전 제시에 그치지 않고, 책임 있는 이행과 지속적인 시민참여를 전제로 한 정책 실행 의지를 보여주는 점에서 주목할 만하다.

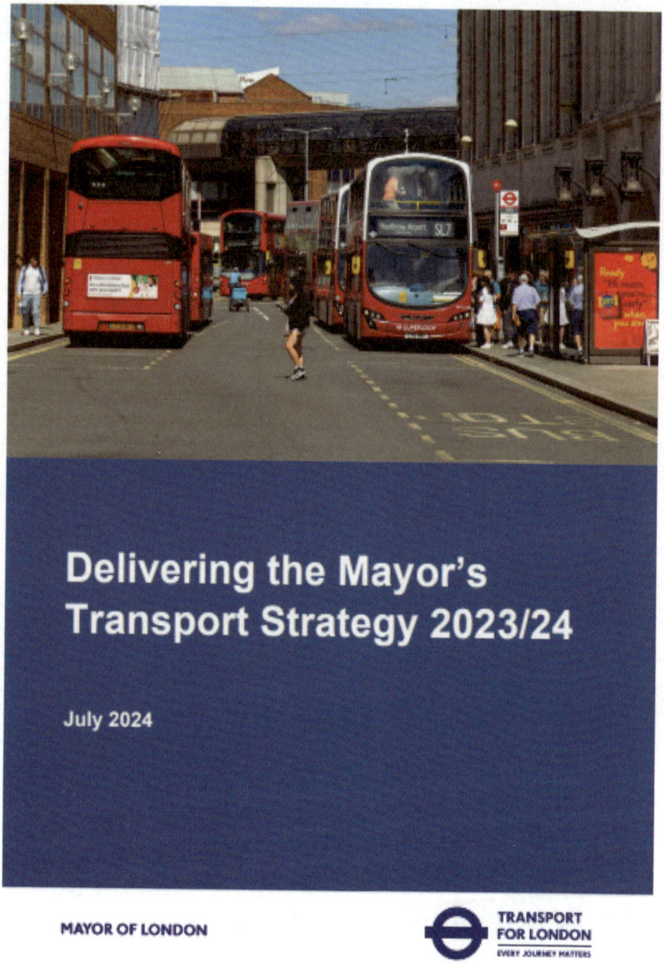

〈그림 65〉 '런던 시장 교통전략 2023/24' 표지

런던 시장의 교통전략은 해마다 업데이트되어 시민들과 공유한다. 막연한 전략 방향만 내세우는 것이 아니라 구체적인 전략과 실행 계획들이 담겨 있다. '런던 시장 교통전략 2023/24'는 무려 130페이지에 달한다.

2030년, 더 나아가 2041년까지의 중장기 로드맵은 단순한 계획이 아니라, 버스 혁신을 통해 탄소 제로 도시를 실현하겠다는 런던 시장의 정치적 공약 이행의 중심축이라 할 수 있다.

뉴욕과 런던은 시장과 정치인, 행정, 시민사회가 함께 공공교통의 가치를 확산시키는 데 반해, 서울에서는 그런 주체들이 좀처럼 눈에 띄지 않는다. 이만하면 됐다는 안이함 때문일까? 2004년 버스 개혁을 추동했던 역동성은 그 어디에서도 보이지 않는다. 철학과 인식의 빈곤이 드러나고 있다. 미래지향의 교통정책을 만들어 가야 할 주체들은 대체 어디서 무엇을 하고 있는지 답답하기만 하다.

도시가 대중교통을 외면할 때 어떤 일이 벌어지는지는 오래전 미국 도시계획가 엘머 존슨이 이미 통찰력 있게 설명한 바 있다.

"우리는 대중교통수단을 우리가 사는 도시 밖으로 거의 내몰다시피 했는데, 이것은 상당수의 사람을 위한 기본적인 이동 수단이 없어지게 됐음을 뜻한다. 대중교통수단이 버림받게 되면서 노약자, 어린이, 극빈자 그리고 장애인들도 함께 버려졌다."50)

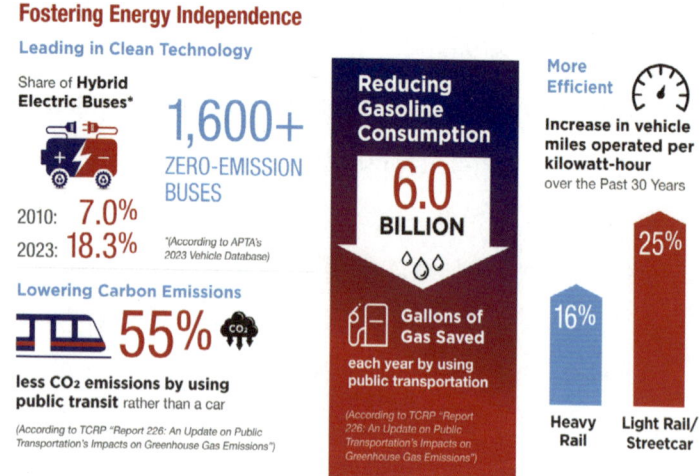

출처: APTA, 2023 PUBLIC TRANSPORTATION FACTBOOK
〈그림 66〉 대중교통의 친환경성을 강조한 APTA의 자료

---

50) Elmer W. Johnson(1993), Avoiding the Collision of Cities and Cars: Urban Transportation Policy for the 21st Century

서울도 불과 20여 년 전까지 이런 현실을 뼈아프게 겪었다. 지금은 상상도 할 수 없는 수준의 그 시절로 돌아가서는 안 된다.

대중교통의 가치는 경제·사회·문화뿐 아니라, 기후 위기 대응과 에너지 절감, 고용 창출 등 여러 측면에서 점점 더 중요해지고 있다. 안타깝게도 서울시의 정책이 과연 '버스우선' 원칙을 따르고 있는지, 되묻게 된다.

2024년 7월 1일, 서울 버스 개혁 20주년을 기념한 정책토론회에서 한국YMCA연맹 신종원 실행이사는 이렇게 말했다. "지난 20년간 서울 버스와 관련해서 잘못된 신화에 근거한 비판이 언론보도를 비롯해 적지 않았다. 재정지원 규모, 요금 수준, 시민 만족도 등에서 이런 왜곡된 비판이 적지 않았다. 안타까운 일이다. 서울 버스 개혁을 계기로 한국 사회에서 버스를 비롯한 대중교통의 질적 수준이 전반적으로 향상되었고, 통합 환승할인 등 교통복지와 교통 정의의 개선이 있었던 것은 분명하다. 그러나 20년이 지난 지금 버스 개혁 당시에 있었던 변화의 역동성이 이어지지 못해서, 한계가 나타나고 있다. 또 다른 혁신의 노력이 불가피한 상황이다."

나는 그의 말에 깊이 공감한다. 서울 버스는 세계적으로도 시민 요금 부담이 낮고, 재정지원 규모도 작지만, 서비스 만족도는 높은 구조다. 이 놀라운 비용-효율성(cost-effectiveness)은 어떻게 구현된 것일까?

생태학의 법칙에 있듯이 세상에 공짜 점심은 없다.[51] 이 비용-효율성은 공영과 민영의 장점을 살리겠다는 당초 준공영제의 도입 취지가 구현됐음을 의미하며, 버스 행정담당자들과 사업자, 운수 노동자들의 헌신과 노력의 산물이라고 감히 단언한다. 합리적인 시스템과 그 운영자들의 노력 없이 이런 결과가 나타날 수 없다는 것이다.

그런데 최근 들어 버스 문제 해결의 대안으로 재정지원 축소와 감차, 배차간격 조정 등을 제시하는 담론이 다시 등장하고 있다. 과연 그것이 우리가 가야 할 길일까? 이 문제를 본격 논의하기에 앞서 20여 년 전에 썼던 한 매체에 기고했던 글을 공유하고자 한다.

내가 2004년 10월, 버스 개혁 직후에 〈대중교통 활성

---

51) Barry Commoner의 명저 〈The Closing Circle(1971)〉에 나오는 생태학의 네 번째 법칙 'There is no such thing as a free lunch.'를 우리말로 옮긴 것이다.

화를 위한 준공영제〉라는 제목의 상당히 긴 글인데, 당시의 관점과 철학이 지금도 유효하다는 점에서 그대로 인용한다.

"7월 초 한 신문 칼럼에서 나는 서울의 버스 개혁을 제1기와 제2기 지하철 개통에 이은 대중교통의 혁명이라고 평가한 바 있다. 그리고 이 혁명은 합리적이며, 그 영향이 매우 클 것이라고 확신한다고 덧붙였다.

초기의 혼란으로 이런 내 예상은 잘못된 것처럼 보였다. 카드 결재 시스템의 오류, 안내 기능과 홍보의 부족은 시민들이 감당할 수 있는 불편 수준을 넘어섰고, 결국 시민들의 불만과 비난이 쏟아졌다. 개혁 추진 이전에 형성되어 있던 버스 개혁에 대한 사회적 공감은 무너지는 듯했다.

개혁을 총괄했던 서울시장은 사과해야 했고, 공무원과 사업자 모두 비판의 도마 위에 올랐다. 참여연대가 감사원에 특별감사 신청을 하는 등, 너나없이 시내버스 개혁 자체를 부정하는 분위기가 역력했다.

내가 신문과 방송 매체를 통해 시종일관 시내버스 개혁을 지지하고 감사원의 특감 방침을 강하게 비판하자, 몇몇 분들로부터 "그러다가 전문가로서의 너의 명예에금이 가는 것은 아니냐."라며 애정 어린 충고를 듣기도 했다. 하지만 진실과 정의는 승리하기 마련. 이제 불만족에서 만족으로 극적인 변화가 이루어졌다.

시내버스 개혁이 결국 성공할 수밖에 없는 이유는 서울시가 대중교통의 공공성과 교통수요관리의 필요성을 분명하게 인식한 것, 이 인식을 바탕으로 버스운영과 기반시설에 대한 투자를 시행한 것, 도로상의 시내버스 우대와 준공영제의 결합이라는 개혁의 핵심을 인식한 것, 노선 혁명과 통합요금제를 실현한 것, 일선 공무원들과 운전자, 사업자를 비롯한 개혁을 추진하는 사람들의 신실한 노력 등이다.

특히 그 핵심은 중앙버스전용차로와 준공영제로 상징되는 개혁의 밑바탕에 깔려 있던 대중교통의 공공성에 대한 인식이었다.

시내버스 개혁이 본질적으로 정당하고, 시대정신에 부응하는 것이었기에 초기에 나타난 불만이 곧 수습되고 시민들의 평가가 긍정적으로 바뀌기까지는 그리 오랜 시간이 걸리지 않았다. 하지만 이 혼란의 시기에 쏟아진 비판과 부정적인 인식들은 향후 또다시 등장할 수 있고, 지방도시의 시내버스 개혁 과정에 되풀이될 사안이므로 잘 정리해 둘 필요가 있다.

첫째, 개혁 자체에 대한 부정이다. 이 논리는 7월 1일 이전의 시내버스는 아무런 문제가 없었고, 완벽하게 운영되었으며 여기에 손을 댄 것 자체가 문제라는 논리다. 하지만 우리의 버스는 완벽하지 않았고, 지난 20여 년간 시내버스에 대한 별칭은 한결같이 '병든 시민의 발' '거리의 폭군' '서비스 부재' '중병' 등등이었다.

비유하자면 대수술을 요하는 중증의 암 환자였다. 수술 자체를 부정하는 것은 암 환자를 죽게 내버려두자는 것과 다름없는 오류다. 최근 5년간 서울의 버스회사 30여 개가 문을 닫았고 시내버스 노선도 엄청나게 줄었다.

열악한 노동조건에서 일해야 했던 버스 기사들은 서비스 대신 과도하게 노선이 집중된 지역에서 난폭운전으로 경쟁을 일삼아야 했다. 사유화된 노선은 어디부터 손대야 할지 모를 정도로 복잡다단하게 얽혀 있었다. 같은 시민의 발이면서도 지하철 따로, 시내버스 따로여서 대중교통의 경쟁력은 취약한 상황이었다. 따라서 중앙버스 전용차로와 노선의 전면 개편, 통합요금 시스템 도입, 이런 변화를 가능케 하기 위한 준공영제의 시행이 개혁의 핵심이다. 이를 부정하는 것은 자가용 승용차 옹호론의 변종에 불과한 것이다.

둘째, 조급한 평가와 판단이다. 첫 일주일간 나타난 문제, 특히 시행 첫날과 이튿날에 발생한 문제를 이유로 서울 버스 개혁 자체가 문제인 것처럼 다루는 것은 잘못이다. 대수술 후에 아무런 문제가 없다면 그 자체가 이상한 일이다. 대수술 다음 날 암 환자가 걷지 못한다고 의사를 비난할 수는 없지 않은가. 외국의 사례를 보더라도 버스 개혁에 대한 종합적 평가는 3개월 정도의 적응기간을 필요로 한다. 서울 시내버스는 이 적응기간 동안 빠른 속도로 안정화되었다.

셋째, 균형감각의 상실이다. 시행 이틀 후부터는 중앙버스전용차로의 속도가 50% 이상 높아지는 등 당초 개혁 목표 가운데 상당 부분이 달성되었음에도 불구하고, 이를 아예 외면한다거나, 노선의 변화에 따라 불편해진 지역만 보고, 노선이 신설되어 편리해진 지역은 다루지 않는 것, 요금인상만 부각시키고 지하철-시내버스 통합 환승요금제로 싸지고 편리해진 점은 다루지 않는 태도가 그것이다. 바람직한 정책 비판은 설정된 목표가 어느 정도 달성되었고, 달성되지 못했다면 그것을 가로막은 것이 무엇인가를 따져보고, 그에 대한 대안을 제시하는 방식이어야 한다. 즉 정책목표의 달성을 중심으로 평가할 때만 정당하고 합리적인 평가와 비판이 가능하다.

넷째, 승용차의 불편에 대한 과장이다. 시스템이 안정화되면서 자가용 승용차의 통행시간은 비슷하거나 짧아졌지만, 극히 일부 구간에서만 승용차 통행시간이 길어졌다. 이것을 문제라고 볼 수도 있지만, 버스 개혁의 목표가 '자가용 승용차의 이용 억제' '시내버스에 대한 파격적인 우대'임을 상기해야 한다.

이 밖에도 '업자 배불리기'라는 비판이 있지만, 대중교통에 대한 지원은 사업자에 대한 지원이 아니라 이용 시민에 대한 지원과 투자다. 또한 서울의 버스 개혁을 추진한 강력한 리더십을 독재 운운하며 비난하지만, 강력한 리더십은 비난받을 일이 아니며 높이 평가돼야 한다. 강력한 리더십 없이는 개혁을 싫어하는 사업자들과 공무원들 속에서 추진력을 만들어 낼 수 없어 개혁 자체가 불가능하다. 또한, 변화의 과정에서 빚어지는 혼란과 비난을 온전히 감수해야 하기 때문에, 비판이 두려워 개혁 자체를 포기하는 겁쟁이 리더십과 비교되기 때문이다.

시내버스 우대정책은 적은 투자와 관심으로 다수 시민의 교통권을 회복시키는 가장 현실적인 대안이다. 버스 개혁은 '서민의 교통수단'을 '시민의 교통수단'으로 변화시킬 수 있으며, 시민들이 '자부심을 갖고 이용할 수 있는 시내버스'로 발전할 수 있는 터전을 닦는 일이다. 볼프강 주커만의 말대로 '우리의 도시들이 버스에 대한 우대를 통해 잃어버릴 것이란 자가용 승용차들 말고는 아무것도 없다.' 시내버스 개혁은 더 강력하게 추진돼야 한다."

〈그림 67〉 2004년 서울 대중교통 개혁 이미지

20년이 넘는 긴 시간이 흘렀다. 그런데 유감스럽게도 당시 개혁을 부정하고 조롱하던 목소리들이 최근 다시 고개를 들고 있다. 특히 시민들이 버스 서비스 저하를 체감하고 있는 상황에서 감차나 재정지원 감축 같은 방안들이 우선 거론되는 것은 뼈아프다.

서울 시내버스는 오랜 시간 도시교통의 중심축이었다. 2004년 준공영제 도입 이후, 버스는 지하철과 함께 환승 체계를 공유하며 이용 편의성과 공공성을 동시에 확보했다. 그러나 20년이 지난 지금, 서울 시내버스는 다층적 위기에 직면해 있다. 표면적으로는 2025년 통상임금 기준을 둘러싼 임금협상 결렬과 파업 예고, 재정 적자 확대, 환승 갈등으로 드러나고 있지만, 이면에는 교통산업의 구조 변화와 시대적 전환이 있다. 지금 서울 버스는 단순한 위기를 넘어서는 '근본적 한계'와 맞닥뜨려 있는 것이다.

서울 버스의 일일 평균 이용객은 2014년 457만 명에서 2024년 373만 명으로 급감했다. 이는 지하철 노선 확대, 개인형 모빌리티(PM) 확산, 더디게 회복되는 코로나19 팬데믹 충격, 고령화, 저출산, 재택근무의 확대 등 복합 요인이 작용한 결과다. 수입 감소는 버스업체 재정

악화를 불러왔고, 이를 서울시가 보전하는 구조는 점점 더 위태로워지고 있다.

2023년 서울시의 시내버스 적자 보전액은 약 8,900억 원에 달했다. 승객과 수익은 줄어들고 보조금은 늘어나는 이 구조는 지속가능성을 위협하고 있다. 이런 지속가능성의 위기는 사모펀드의 버스회사 인수와 맞물려 준공영제가 가진 '공공성'의 위기로 비화될 개연성을 안고 있다.

2004년 도입된 준공영제는 버스의 공공성과 민간 운영 효율성을 절충한 제도였지만, 그 효율성이 한계를 드러내고 있다는 의견이 나온다. 또한 사모펀드와 관련해서는 공공 서비스의 재정은 세금으로 보전되는데, 수익은 민간으로 빠져나가는 구조가 공공성의 본질을 훼손하는 일이라는 비판도 제기된다.

마을버스 업계의 주장에 따르면 지난 3년 새 수입이 30% 감소했다고 한다. 마을버스 업계는 환승할인 체계 속에서 손실을 자부담하고 있다며 환승 연계 중단을 시사하고 있다. 서울시는 이를 불법 행위로 간주하며 행정처분을 예고했지만, 구조적 보전책이 마련되지 않는다면 파열음은 반복될 수밖에 없다. 대중교통 시스템이 다층화되고 있음에도 보전 체계는 단일 구조에 묶여 파열음을 내는 것이다.

　승객의 감소 원인 중의 하나는 시민 기대 수준과의 괴리로 인한 경쟁력 상실이다. 1인당 GDP가 3만 6천달러를 넘어선 선진국 대한민국의 시민들은 더 이상 '싸고 불편한 교통'을 받아들이지 않는다. 지하철은 빠르고 정확하며, 전동킥보드·택시앱·공유자전거는 스마트함과 편의성을 갖췄다. 반면 버스는 정시성의 미흡, 배차 지연, 승하차 혼잡 등으로 높아가는 서비스 기대 수준에 미치지 못하고 있다. 서비스 개선이 더뎌질수록 시민의 외면은 가속화되고, 이는 다시 수입 감소로 이어지는 악순환을 만든다.

　국가재정과 도시 여건의 변화도 외면할 수 없는 서울 시내버스의 환경이다. 가장 근본적인 환경 변화는 '돈이 줄고 있다'는 점이다. 우리나라는 빠르게 고령화되고 있으며, 저출산의 영향을 맞아 경제활동인구는 감소세에 접어들었다. 동시에 전체 세수는 경기 침체와 법인세 감면 등으로 줄어드는 추세다. 이런 상황에서 대중교통에 들어갈 수 있는 재정 여력은 한정될 수밖에 없다. 다시 말해 서울시가 아무리 의지를 갖고 있다고 하더라도, 국가재정과 경제구조의 제약 속에서는 과거처럼 대규모 보조금 정책을 계속 유지하기는 쉽지 않다는 것이다. 버스 시스템 자체의 자립성과 효율성을 끌어올리지 않으면, 재정이 뒷받침해 줄 기반은 점점 줄어들 수밖에 없다.

이런 여러 상황은 2004년 버스 개혁 시기처럼 구조적 재설계를 요구하고 있다. 서울 버스와 관련해서 제기되는 여러 현안에 대한 단편적인 대응이나 임기응변식 대책이 아니라, 도시 교통 전체를 재설계하는 구조적 대응이 필요하다. 특히 이미 불거진 경기도나 인천 등 인접 자치단체의 과도한 진입 문제까지 고려하면 더 그렇다.

현 상황에서 상정할 수 있는 서울 버스의 개혁 방향은 다음과 같은 것들이다.

- **요금체계 개편**: 서비스 수준에 맞는 요금 적정화 및 합리화, 거리·시간·혼잡도 기반의 합리적 요금 부과
- **버스우선(Bus Priority) 시스템 강화**: 서울 전역의 버스우선 신호시스템 도입, 전용차로 확대, 탑승 전 요금 징수 체계 마련
- **대중교통 노선 및 통합 운영 및 재정비**: 지하철-버

스-마을버스 간 유기적 통합과 중복 최소화, 경기도·인천 버스 진입 노선 및 차량 운행의 적정화
- **서비스 품질 혁신**: 정보화, 정시성 확보, 편의·청결·안전성 개선
- **재정관리 혁신**: 운영 효율 향상을 전제로 한 스마트 보조금 시스템 도입

어느 것 하나도 쉽지 않은 사안들이다. 제대로 변화가 이루어지려면 2004년 시기와 같은 버스 종합개혁 방안이 만들어지고 실행되어야 한다. 런던이나 뉴욕처럼 〈버스 발전계획〉 등의 비전으로 개혁 방안을 뒷받침해야 한다. 이런 총체적 변화는 시장의 정책적 의지와 시민사회와 전문가, 노사의 의지가 함께하지 않으면 이루어질 수 없는 일이다. 모든 개혁이 그렇듯 아무리 바람직한 방향의 변화에도 아픔과 희생이 따를 수 있고, 저항도 나타나게 마련이다. 하지만 그게 두려워서 변화를 거부한다면 불확실성 속에서 근본적 위기가 닥쳐올 것이다.

무엇보다 필요한 것은 지금 서울 버스가 처한 여러 문제를 2004년 당시의 절박함으로 다시 바라보는 것이다. 그때 서울은 혼란스러운 여건들 속에서 과감한 개혁을

선택했고, 결과적으로 대중교통의 선진화를 이끌었다. 지금도 마찬가지다. 복합 위기의 시대에 서울 버스는 '시민의 교통권'을 지키는 최후의 방어선이다. 이런저런 부분적 미봉책으로는 대처할 수 없고, 전체를 볼 수 있는 안목과 통찰력이 요구된다.

2004년 버스 개혁을 통해 서울의 시내버스는 '서민의 교통수단'에서 '시민의 교통수단'으로 발돋움할 수 있는 기초를 닦았다. 버스 개혁 이후 20년은 그 실현 가능성을 충분히 확인하는 과정이었다. 지금까지의 경험은 매우 소중한 것이다. 이를 자산으로 삼아 서울 버스는 진정한 '시민의 교통수단'으로 도약해야 한다.

그것은 서비스 개선과 편의 증진을 넘어, 기후 비상사태(Climate Emergency)에서 지구를 구하는 대안이기도 하다.

이 시대의 화두인 지속가능성과 보편적 교통복지, 시민 교통권 실현을 상징하는 교통수단으로 시내버스의 위상을 정립하는 것은 다른 무엇보다 중요한 도시정책의 근간이 되어야 한다. 그 비전이 실현되도록 노력하는 것은 정책 결정자나 전문가, 정치인, 운송사업자, 운수노동자 등 여러 당사자, 이해관계자들(stakeholders)의 몫이다. 이들에게 지금 필요한 것은 혁신을 향한 새로운 상상력과 실천이다.

시내버스의 미래상을 제대로 설정하면 그에 부합하는 버스 우대정책의 강화나 서비스 증진을 위한 투자 확대는 자연스럽게 이어질 것이다. 서울 버스 개혁을 이루어 낸 그 혁신의 발상법과 역동성이 다시 한번 되살아나길 소망한다.

세상을 바꾸는 모멘텀은 수단과 기술이 아니라 지향하는 가치와 철학이다. 다시 버스를 주목해야 할 때다.

참고문헌

- Kstat 시내버스 이용 시민 만족도 조사, 2024.06.
- 국토교통부·한국교통연구원, 2012 경제발전경험모듈화사업: 대중교통체계 개선, 2013.
- 대한교통학회, 서울 시내버스 발전방안 전문가 델파이 조사, 2024.06.
- 서울신문, "재정 부담 '눈덩이'… 서울 시내버스 준공영제 혁신 대책 세운다", 2024.04.02.
- 서울특별시, 서울 버스체계개편 방향, 2004.06.16.
- 서울특별시, 시내버스 개혁 종합대책 분야별 시책·사업 계획안, 1997.07.
- 서울특별시버스운송사업조합, 시민을 위한 교통복지, 서울시 버스 준공영제, 2020.
- 임삼진 외, "서울 대중교통체계 개편 전후의 버스사고 비교", 서울도시연구, 2006.06
- 임삼진, "교통전문가의 정책 결정과 소신", 한국교통연구원, 월간 교통, 2009.12.
- 임삼진, "자동차에 관한 미신들", 녹색평론, 1997년 9·10월호.
- 임삼진, 서울 대중교통 개혁의 성과, 교통안전공단 2007년 직무교육 자료집, 2007.04.

- 임삼진·권영종·강상욱, "교통부문 사회적 갈등 실태와 과제", 한국교통연구원, 2009.10.
- 임성수, "서울시와 인천시 버스교통행정 및 정책비교 연구", 인천연구원, 2015.
- 한겨레신문, "코앞에 다가온 시내버스 '먹튀'…당국은 여전히 파악 중", 2023.06.22.
- 한국brt자동차(주) & 한양대학교, "시내버스 이용 시민 설문조사 최종보고서", 2005.04.
- 한국교통연구원, 교통부문의 시민참여: 역사 및 성과, 2015.
- 한국도로교통공단, 지역별 교통사고 통계, 2019-2022.
- 황보연, "서울 대중교통체계 개편 20년 성과와 과제", 서울 시내버스의 지속가능한 발전방안 정책토론회, 2024.

- Annual bus statistics: year ending March 2022(revised), GOV UK, 2022.
- Asia Development Bank(ADB), *Implementing a semi-public bus system to ease traffic congestion*, December 2019.
- Barry Commoner, *The Closing Circle*, 1971.
- Department for Levelling Up Housing & Communities(DLUHC), GOV.UK.
- Detlev Mohr, Vadim Pokotilo, Jonathan Woetzel, *Urban Transportation Systems of 25 Global*

- *Cities*, McKinsey & Company, July 2021.
- Dmitry Chechulin, Detlev Mohr, Vadim Pokotilo, Lola Woetze, *Building a Transport System that Works: Five Insights from our 25 City Report*, McKinsey & Company, 2021.
- Elmer W. Johnson, *Avoiding the Collision of Cities and Cars', Urban Transportation Policy for the 21st Century*, 1993.
- John B. Rawls, *A Theory of Justice*, 1991.
- Kate DeMoss & Joanna Moody, *Public and Active Transport Planning for Resilience and Health: The Case of Seoul, South Korea*, World Bank Group, 2021.
- KOTI, *Bus System Reform in Korea*, Knowledge Sharing Report, 2012.
- KOTI, *Citizen Participation in Transport Planning*, Knowledge Sharing Report, 2015.
- Kim, Kwang Sik & Cheon, Seung-hoon & Lim, Sam-jin *Performance assessment of bus transport reform in Seoul*, Transportation (2011) 38:719–735
- Landis, J.D., & Vergel-Tovar, E, *Bus Rapid Transit – the Affordable Transit Megaproject Alternative*, Megaprojects for Megacities: A Comparative Casebook, 2022.

- MTA Bus Company, *Annual Agency Profile (NTD ID 20188)*, Federal Transit Administration, 2016~2022.
- MTA New York City Transit, *Annual Agency Profile – (NTD ID 20008)*, Federal Transit Administration, 2016~2022.
- NYU Rudin Center for Transportation & Sam Schwartz Engineering, *Transportation During Coronavirus in New York City*, NYU Wagner Graduate School of Public Service, July 2020.
- Prisca Agombe & George Sweeting, *Public Transportation Subsidies and Racial Equity: A Case Study of the NYC Ferry and Fair Fares*, Center For New York City Affairs, June 2024.
- Public Service Vehicle Survey, Department for Transport(DfT).
- Returning Officers(ROs), GOV.UK.
- Shamika Sirimanne, *Intelligent Transportation Systems for Sustainable Development in Asia and the Pacific,* Economic and Social Commission for Asia and the Pacific(ESCAP), 2022.
- The World Bank Group, *The Smart Transportation Card(T-Money): Integrating Public Transit Systems to Improve Citizen Mobility in Seoul, 1996–2004*, 2021.

- Wolfgang Zuckermann, *End of the Road*, 1991.

- American Public Transportation Association https://www.apta.com/
- Commission of the European Communities https://commission.europa.eu/
- Federal Transit Administration https://www.transit.dot.gov/ntd
- GOV.UK https://www.gov.uk/
- Governor Kathy Hochul, New York State https://www.governor.ny.gov/
- International Union of Public Transport https://www.uitp.org/
- London Councils https://www.londoncouncils.gov.uk/
- London Data Store https://data.london.gov.uk/
- Mayor of London, London Assembly https://www.london.gov.uk/
- Metropolitan Transportation Authority(MTA) https://new.mta.info/transparency/
- NY.GOV https://www.ny.gov/
- Régie Autonome des Transports Parisiens(RATP) https://www.ratp.fr/en/titres-et-tarifs/
- Richest City in the World 2024 https://worldpopulationreview.com/

- The Local France https://www.thelocal.fr/
- Toei Bus https://www.kotsu.metro.tokyo.jp/bus/
- Transport For London(TfL) https://tfl.gov.uk/
- Truly Tokyo https://trulytokyo.com/tokyo-districts/
- U.S. Department of Transportation(DOT) https://www.transportation.gov/
- World Bank Group https://data.worldbank.org/
- 도로교통공단 교통사고분석시스템 https://taas.koroad.or.kr/
- 산업연구원 주요산업동향지표 https://www.kiet.re.kr/trends/pointerList
- 서울서베이 도시정책 지표 https://data.seoul.go.kr/
- 서울특별시 https://www.seoul.go.kr/
- 서울특별시 서울정보소통광장, https://opengov.seoul.go.kr/
- 서울특별시 정책아카이브(https://seoulsolution.kr)
- 통계청 https://www.k-stat.go.kr/
- 東京都 交通局 経営計画 2022 https://www.kotsu.metro.tokyo.jp/about/information/plan/plan2022.html
- 東京都総務局統計部 Statistics Division, Bureau of General Affairs https://www.toukei.metro.tokyo.lg.jp/